Die Kirche der Panagia Kera in Kritsa

Der Kirche der Panagia Kera in Kritsa

Allgemeine Bearbeitung der Ausgabe
Katerina K. Mylopotamitaki

Übersetzung ins Deutsche:
Frank Althaus

Fotos
Spyros Spyrou

Druck – Farbauflösung
Typokreta

Umschlagentwurf
Ilias Kourtesis

Copyright Mystis

Zentralvertrieb:
Georgios Manouras – Antonis Tsintaris O.H.G.
Kalisperidon 15, Heraklion Kreta Griechenland
Tel.: 2810 226518, 346451
Fax: 2810 221908

Die Veröffentlichung von Texten oder Bildern, die in diesem Buch enthalten sind, ist nur mit Genehmigung der Urheber erlaubt.

Katerina K. Mylopotamitaki
Archäologin

DER KIRCHE DER PANAGIA KERA IN KRITSA

HERAKLION 2005

für Christos und Lina Kotsampopoulou

INHALTSVERZEICHNIS

Vorwort
Byzantinische und venezianische epoche Kretas ... 1
Informationen über die siedlung Kritsa, die kirche
   und ihre stifter ... 3
Die ursprüngliche kirche ... 6
Der anbau der seitenschiffe ... 7
Die darstellungen in den schiffen ... 10
Mittelschiff: Koimese tis Theotokou
   (Maria Himmelfahrt) ... 10
Südschiff: Agia Anna (Heilige Anna) ... 53
Nordschiff: Agios Antonios (Heiliger Anton) ... 79
Literaturangaben ... 92
Legende ... 93
Grundriss ... 94

VORWORT

Dieser Führer wendet sich an all diejenigen, die nicht mit der byzantinischen Malerei, ihren Stilrichtungen und ihrer Ikonentechnik vertraut sind, die nichts über die Haupt- oder Nebenthemen der Darstellungen wissen, zumal in vielen Fällen die Inspiration für die ikonographische Konstellation in den verbotenen Evangelien (apokryphe Evangelien) zu suchen ist. So stützen sich zum Beispiel alle Darstellungen im Südschiff auf apokryphe Schriften. Aus diesem Grund wurde es als notwendig erachtet, eine kurze Darstellung der historischen Tatsachen voranzustellen, damit der Besucher die Szenen besser versteht und soweit wie möglich Einblick in die lokale religiöse Tradition der damaligen Zeit erhält.

Die dreischiffige Kuppelkirche der Panagia Kera ist aus bestimmten Gründen das vermutlich bedeutendste christliche Monument Kretas. Die ikonographische Ausschmückung, die vier verschiedene Epochen der byzantinischen Malerei repräsentiert, sowie ihre Ausdehnung auf drei Schiffe (trotz verschiedener Katastrophen) machen die Kirche sowohl für den Experten wie für den einfachen Besucher einmalig, denn beide können sich jeweils von ihrem Gesichtspunkt aus anhand eines einzigen Monuments ein Bild von der byzantinischen Malerei Kretas des 13. Jahrhunderts und der ersten Jahrzehnte des 14. Jahrhunderts machen. Die Kirche der Panagia Kera war einer der ersten Sakralbauten, der die Forscher beschäftigte. Im Jahr 1952 erwähnte der große griechische Archäologe und Akademiker Manolis Chatzidakis† in einer zusammenfassenden Studie über die Wandmalereien Kretas die Fresken der Panagia Kera, ging mit kurzen und scharfsinnigen Bemerkungen auf die Stilrichtungen ein und bestimmte den Zeitraum, in den sie eingereiht werden müssen: Ende des 13. Jh. bis Mitte des 14. Jh. Im gleichen Jahr veröffentlichte der spätere Professor Konstantinos Kalokyris eine detaillierte Studie über die Kirche, und im Jahr 1967 veröffentlichte die spätere Professorin Stella Papadaki-Ökland† eine ausgedehnte Analyse über die Stilrichtung der Fresken im Mittelschiff. Der Artikel Frau Papadaki-Öklands definiert anhand der abrupten Unterbrechungen der Darstellungen an bestimmten

Stellen des Gebäudes die Bauphasen und die architektonischen Eingriffe, denen die Kirche unterlegen hat. Sie datiert die erste Schicht der Wandmalerei in die Mitte des 13. Jh. und die zweite Schicht gegen Ende des 13. bis zu Beginn des 14. Jh. Obwohl die Architektur nicht Gegenstand der Studie von Frau Papadaki-Ökland war, bestimmte sie mit Genauigkeit den architektonischen Typ der ursprünglichen Kirche: Einschiffig mit Kuppel.

An dieser Stelle möchte ich Herrn Giannis Kotsopoulos für seine wertvollen Hinweise im Zusammenhang mit der Bearbeitung des Textes danken.

K.K.M.

BYZANTINISCHE UND VENEZIANISCHE EPOCHE KRETAS
GESCHICHTLICHER ABRISS

Im Jahr 395 n.Chr. war das riesige Römische Reich in zwei Staaten unterteilt: Das Ostreich mit der Hauptstadt Konstantinopel und das Westreich mit der Hautstadt Rom. Kreta, das zur Illyrischen Präfektur gehörte, die sich aus den Verwaltungsgebieten Dakien und Mazedonien zusammensetzte (Südalbanien, Epirus außer Thrakien, Ionische Inseln, Westägäis und Kreta), gehörte verwaltungstechnisch zu Ostrom, das viel später den Namen Byzanz erhielt.

Die selbstverwaltete Kirche der Insel unterstand indessen dem Papst in Rom, bis sie 732/33 von dem Kaiser Leo III. dem Isaurier, der den Ikonenstreit entfachte, der östlichen Kirche eingegliedert wurde, sozusagen als Repressalie, weil der römische Papst die "Ikonodulen" (Ikonenfreunde) unterstützte.

In den Jahren 827/28 wurde Kreta von den spanischen Mauren erobert, die die Hauptstadt von Gortyna in der Messara-Ebene an die Nordküste verlegten, wo sie Chantakas, das heutige Heraklion, gründeten.

Die Übernahme Kretas durch die in Spanien ansässigen Mauren stellte einen schweren Schlag für die Sicherheit der byzantinischen Seefahrt in der Ägäis und dem östlichen Mittelmeer dar. Von ihrem Stützpunkt aus griffen die Eroberer mit Piratenschiffen die Inseln der Ägäis und die kleinasiatische Küste an, also Gebiete, die zum Byzantinischen Kaiserreich gehörten.

Obwohl die Byzantiner sofort nach der Eroberung Kretas Versuche zu seiner Befreiung unternahmen, blieb die Insel 134 Jahre unter dem arabischen Joch, bis sie 961 von dem General und späteren Kaiser Nikiforos Fokas (auch Nikephoros Phokas) befreit wurde.

Wenn schon für die Byzantiner der Verlust Kretas schwer zu verkraften war, so stellte er für die Araber und die gesamte arabische Welt einen noch viel größeren Rückschlag dar. Man kann dies aus den Unruhen und den Christenmorden in Ägypten ersehen, die sofort ausbrachen, als bekannt wurde, dass Chandakas in die Hände der Byzantiner gefallen war.

In der folgenden Zeit befand sich Kreta wieder unter den Fittichen des Byzantinischen Reichs und wurde unter der

Verwaltung eines Generals zur Provinz ausgerufen. Innerhalb der Kirche und der Verwaltung trat wieder Ordnung ein, und die geistigen und künstlerischen Bindungen mit Konstantinopel, der Hauptstadt des Kaiserreichs, wurden wieder hergestellt. Soweit man aus den archäologischen Funden schließen kann, befand sich Kreta im 12. Jahrhundert in großem wirtschaftlichen Aufschwung. Im Jahr 1204, kurz vor dem 4. Kreuzzug, verkaufte Alexios Angelos, der Sohn des entthronten byzantinischen Kaisers Isaak, die Insel an Bonifatius von Montferrat, den Anführer des 4. Kreuzzugs, und verlangte dafür als Gegenleistung, dass sein Vater wieder auf den Thron kam. Bonifatius verkaufte sie anschließend für 1000 Silbermark an die Venezianer. Die Venezianer bemühten sich nicht sofort um die Übernahme der Insel, was sich der genuesische Pirat Enrico Pescatore zu Nutzen machte und sie im Jahr 1206 besetzte. Dadurch nötigte er die Venezianer, sich mit der Machtübernahme der Insel zu beschäftigen und ihn von dort zu vertreiben, was ihnen nach harten Kämpfen im Jahr 1210/11 auch gelang.

Während des 13. Jahrhunderts versuchten die Venezianer ihre Vorherrschaft auf Kreta zu festigen und kämpften gegen die dort ansässigen byzantinischen Adligen, die römischen Edelmänner und das kretische Volk, das erbitterten Widerstand leistete. Im Jahr 1299 waren sie gezwungen mit dem angesehenen byzantinischen Adligen Alexios Kallergis einen Friedensvertrag zu schließen, der ihm persönlich und den einheimischen Edelleuten bedeutende Vorteile sicherte. Die kretischen Aufstände gingen zwar während der gesamten Epoche der venezianischen Herrschaft weiter, aber sie wurden jetzt seltener. Die langen Friedensperioden und der wirtschaftliche Aufschwung der Insel hatten die Bildung der venezianisch-kretischen Kultur zur Folge, die sich aus dem Zusammenfluss der byzantinischen und venezianischen Lebensform entwickelte.

Die wirtschaftliche und geistige Blüte Kretas wurde unterbrochen durch die Invasion der Türken, die nach der Übergabe der Hauptstadt Chandakas im Jahr 1669 die ganze Insel unter Kontrolle hatten. Die Belagerung Chandakas durch die Türken dauerte fast fünfundzwanzig Jahre, was ein weltweit einmaliges Phänomen darstellt, und endete mit einem Kapitulationsvertrag, der es den Venezianern gestattete, die Stadt zusammen mit ihren Archiven und persönlichen Gegenständen zu verlassen. Zusammen mit den Venezianern verließen auch viele Kreter die Insel und wurden zu Flüchtlingen.

INFORMATIONEN ÜBER DIE SIEDLUNG KRITSA, DIE KIRCHE UND IHRE STIFTER

Die Siedlung Kritsa befindet sich südlich von Agios Nikolaos, der Hauptstadt der Präfektur Lassithi, in einer Höhenlage von 300 m. Es ist nicht bekannt, wann sie gegründet wurde, aber sie existierte nachweislich im Jahr 1328 und gehörte damals zum Familiengut des venezianischen Adligen Markos Kornaros.

Aus der Aufstellung der Vermögenswerte der Familie Kornaros kann man schließen, dass die Beschäftigung der Einwohner Kritsas in erster Linie die Viehzucht war und an zweiter Stelle stand die Landwirtschaft.

Im 14. Jahrhundert lautete der Name des Dorfes im venezianischen Dialekt Grece (dele Grece). Die griechischen Einwohner tauften es noch im gleichen Jahrhundert Kritzea, wie man der Widmung, die im Südschiff der Panagia Kera erhalten ist, entnehmen kann. Im Jahr 1633 wurde der Siedlungsname in den venezianischen Quellen mit Crices (Kritses) angegeben.

In den beiden Widmungstafeln der Kirche, die im Südschiff der Agia Anna und im Nordschiff des Agios Antonios erhalten sind, werden die Namen der drei Hauptstifter erwähnt. In dem der Agia Anna geweihten Südschiff werden als Stifter Antonios Lameras und Eiginos Sinouletos erwähnt und im Nordschiff, das Agios Antonios geweiht ist, wird Georgios Mazizanis namentlich genannt, der an der Nordwand des Schiffes mit seiner Frau und seiner Tochter abgebildet ist. Außer den Hauptstiftern, die als solche namentlich aufgeführt werden, haben sich alle Einwohner des Dorfes Kritzea an den Kosten für die ikonographische Ausschmückung des Schiffes der Agia Anna beteiligt, wie wir ebenfalls der Widmungstafel entnehmen können.

Soweit es das Mittelschiff betrifft, das Maria Himmelfahrt geweiht ist, gab es zwei Inschriften: Eine auf der Darstellung Jesus mit der Panagia Deomeni und eine neben der Darstellung des Agios Georgios oberhalb eines vermutlich ehemaligen Eingangs sekundärer Bedeutung. Beide wurden zerstört. Bei der ersten Inschrift handelte es sich um ein Gebet, während die zweite, wie es scheint, eine Widmung war.

Es muss erwähnt werden, dass die Widmungsinschriften mit den Wandmalereien in Zusammenhang stehen und nicht unbedingt mit dem Bau der Kirchen, der häufig von den griechischen und venezianischen Lehnsherren übernommen wurde, damit den Bewohnern ihrer Ländereien ein Gotteshaus zur Verfügung stand. Die Stifter, die den größten Teil oder in manchen Fällen auch die Gesamtsumme der Baukosten übernahmen, hatten in der Regel Stifterrechte, wie zum Beispiel Beteiligung an den Einnahmen, Wahl des Geistlichen und das Recht im Kircheninneren begraben zu werden.

Die heutige Form der Kirche Panagia Kera, die sich nach und nach durch den Anbau der Seitenschiffe an das Mittelschiff herausgebildet hat, gehört zum architektonischen Typ der dreischiffigen Basilika mit Kuppel (Abb. 1). Der Haupteingang befindet sich an der Westseite des Mittelschiffs und an der Südmauer des entsprechenden Schiffs existiert ein Nebeneingang.

ABB. 1: Panagia Kera in Kritsa. Südöstliche Ansicht.

Das Kircheninnere erhält seinen schwachen Lichteinfall über zwei spitzbogige gotische Fenster, die sich in der Westwand des Südschiffs und im Nordschiff befinden, über die Lichtschlitze der drei Apsiden und die vier Fenster in der Kuppel.

Von den drei Schiffen ist das mittlere, das Maria Himmelfahrt geweiht ist, fast doppelt so breit wie die beiden Seitenschiffe. Sie haben indessen alle die gleiche Länge.

Die Apsiden der Altarnischen sind halb rund und befinden sich wie gewöhnlich an der Ostseite der Schiffe. Sie werden, bis auf die mittlere, die ein abgestuftes Dach hat und höher und breiter ist als die beiden seitlichen, durch ein Dach in Form einer Viertelkugel abgeschlossen (Abb. 2).

ABB. 2: Panagia Kera in Kritsa. Ostansicht.

Das Mittelschiff wird durch einen halbrunden Bogen gedeckt, der durch den Tambour mit flacher Kuppel und konisch zulaufendem Dach unterbrochen wird. Das Südschiff wird gleichfalls durch einen halbrunden Bogen gedeckt, während das Nordschiff, das ebenfalls eine halbrunde Abdeckung aufweist, leicht spitz zuläuft (gotischer Bogen), wie man es vorwiegend bei den venezianischen Kirchen sieht. Die Dächer der Kirche wurden mit neuen Ziegeln gedeckt.

Der Zugang vom Mittelschiff zu den Seitenschiffen findet über vier halbbogenförmige Öffnungen statt. Bei ihrer nachträglich vorgenommenen Verbreiterung wurden in allen drei Schiffen Teile der Fresken sowie eine Widmungsinschrift zerstört, von der, wie bereits erwähnt, an der Südfassade der nördlichen Zwischenwand zwischen der Darstellung des Agios Georgios und dem nordwestlichen Bogendurchgang ein Teil erhalten ist (Abb. 3). Es ist wahrscheinlich, dass in der Widmungsinschrift neben dem Datum auch der Name des zu jener Zeit amtierenden byzantinischen Kaisers erwähnt wurde, wie es bei zahlreichen anderen Widmungsinschriften der Fall war.

Man kann noch heute die drei verschiedenen Bauphasen der Kirche unterscheiden. Der Umbau zur dreischiffigen Basilika unter Anfügung der Seitenschiffe, der Durchbruch der bogenförmigen Durchgänge und ihre Verbreiterung waren, wie wir im Anschluss sehen werden, bereits im 14. Jahrhundert abgeschlossen.

ABB. 3: Panagia Kera in Kritsa. Mittelschiff. Nordwestbogen. Widmungsinschrift.

DIE URSPRÜNGLICHE KIRCHE

Das Mittelschiff war ursprünglich eine selbständige, einschiffige Kuppelkirche. Der architektonische Typ ist in der Gegend bekannt durch die Kirche des Agios Nikolaos (8./9. Jh.) in der gleichnamigen Stadt, die von Kritsa ca. 12 km entfernt liegt. In ihr sind Fresken aus der Zeit des Ikonenstreits (dekorative Motive) und danach erhalten.

Dieser Typ, der unkomplizierter ist, als die integrierte Kreuzkirche, taucht im byzantinischen Kirchenbau im 8. Jahrhundert, also in der Zeit des Ikonenstreits auf. Die meisten der wenigen auf Kreta erhaltenen einschiffigen Kuppelkirchen werden ins 11. oder ins 12. Jh. datiert, d.h. in die zweite byzantinische Epoche (961-1204) der kretischen Geschichte.

Auch wenn die Erbauung der ursprünglichen einschiffigen Kuppelkirche, also das Mittelschiff der Panagia Kera, ins 13. Jahrhundert datiert wurde, so deutet die für kretische Kirchen einmalige und auch andernorts seltene Bauweise der Kuppel mit den überstehenden aus Tuffstein gebauten Kreuzrippen (Abb. 4), den behäbigen Analogien und der technisch unzulänglichen Konstruktion, die flach endet und nach unten breiter wird, ebenso wie das abgestufte Dach der Apsis – ebenfalls eine archaische Form – auf eine viel frühere Datierung als das 13. Jahrhundert.

Die Kreuzrippengewölbe, eine besondere Charakteristik der byzantinischen Sakralarchitektur, sind im 10. und im 11. Jahrhundert selten auf dem griechischen Festland und auf Zypern anzutreffen, sondern hauptsächlich bei Kreuzkuppelkirchen und seltener bei Kuppelkirchen. Folglich ist es eher unwahrscheinlich, dass eine archaische und seltene Struktur, die sehr wenig verbreitet ist, erhalten oder ins 13 Jahrhundert gerettet wurde. Ausgehend von den architektonischen Gegebenheiten muss die ursprüngliche Kirche der

Panagia gegen Ende der 2. byzantinischen Epoche datiert werden, d.h. Ende des 12. Jahrhunderts. Ob diese ursprüngliche Kirche Fresken aufwies –was wahrscheinlich ist– entzieht sich unserer Kenntnis. Die ältesten erhaltenen Ikonen im Mittelschiff, von denen man in der Altarnische und im Tympanon (Giebelfeld) des Nord- und Südbogens der Kuppel Beispiele sehen kann, wurden in die Mitte des 13. Jahrhunderts datiert. Der erste Eindruck jedoch deutet auf das 12. Jh. hin, weil viele charakteristische Elemente der Malerei jener Epoche vorhanden sind.

ABB. 4: Panagia Kera in Kritsa. Mittelschiff.
Man kann die überstehenden Kreuzrippen aus Tuffstein erkennen.

DER ANBAU DER SEITENSCHIFFE

Gegen Ende des 13. Jahrhunderts wurde die Kirche nach einem kleinen Einsturz, dessen Ursache uns nicht bekannt ist, restauriert und die beiden Seitenschiffe angebaut, wodurch die Kirche dreischiffig wurde. Die Seitenschiffe waren vom Mittelschiff aus über einen ehemaligen Eingang der ursprünglichen Kirche begehbar (der sich aller Wahrscheinlichkeit nach im Westteil der Nordwand unterhalb der zerstörten Widmungsinschrift befand), über einen neuen Zugang, der im Ostbereich der gleichen Wand geöffnet wurde und zwei andere an den beiden Enden der südlichen Zwischenwand.

Abb. 5a: Panagia Kera in Kritsa. Südschiff.
"Türsturz" des südöstlichen Bogendurchgangs.

Alle Durchgänge waren gewölbt und anfangs sehr viel schmäler, wie der dekorative "Türsturz", an der Nordseite des südöstlichen Bogendurchgangs dokumentiert. Nach Abschluss der Bauarbeiten, einschließlich des Baus des Nordschiffs, wurde das Mittelschiff mit neuen Fresken ausgeschmückt. Nur die Apsis der Altarnische und die östlichen Mauern wurden ausgelassen, d.h. die Seiten, an denen die Fresken der ersten Schicht noch erhalten waren. Nach der Ausmalung der Seitenschiffe Mitte des 14. Jahrhunderts wurden die vier gewölbten Durchgänge durch aufgemalte Türstürze bestehend aus fast gleichförmigen Blumen verziert (Bilder 5a, b, c). Sie wurden verbreitert – der nordwestliche Durchgang von der Ostseite her, und die drei anderen von der Westseite, so dass sich der nordwestliche und der südwestliche Durchgang in der gleichen Querachse befanden, alle vier die gleiche Breite hatten und die Räume der nun entstandenen dreischiffigen Kirche miteinander kommunizierten. In der gleichen Phase wurde ein weiterer Bogendurchgang geschaffen, der den Altarraum des Mittelschiffs mit dem des Nordschiffs verbinden sollte. Nach der Ausmalung des Nordschiffs wurde, wie man sehen kann, auch der Haupteingang des Mittelschiffs verbreitert. Ein weiterer Eingriff, der, wie alle vorangegangenen, ausgedehnten Schaden an den Wandmalereien verursachte. Das Südschiff, das an seiner Südwand vier blinde Bögen aufweist und sehr schmal ist, wies, wie es scheint, an der Stirnseite des Altarbogens Fehlkonstruktionen mit statischen Problemen auf, die vor der ikonographischen Ausschmückung unsachgemäß behober wurden. Der Nebeneingang an der Südwand kam viel später dazu, nicht jedoch das Fenster, wie man aus der Bemalung der Westwand schließen kann, die sich der Öffnung anpasst und sie gleichförmig umschließt. Die Fensterumrandungen der Seitenschiffe sind aus Tuffstein im gotischen Stil gebaut. Der Rahmen des Haupteingangs ist halbkreisförmig gewölbt, was auf die nachbyzantinische Epoche verweist.

Die schwerwiegenden statischen Probleme der Kirche, die sehr wahrscheinlich auf die häufigen baulichen Eingriffe zurückzuführen sind, machten die Verstärkung durch sechs massive Stützen notwendig, die unter Vorbehalt in die Zeit der Türkenherrschaft datiert werden. An der Westfassade, zwischen den Tympana des Süd- und Mittelschiffs befindet sich ein aus Tuffstein erbauter einbogiger Glockenturm mit Giebelabschluss, dessen Form ins 16. oder 17. Jh. datiert werden kann.

Als die griechische archäologische Behörde im 20. Jh. zum ersten Mal Restaurierungsarbeiten an der Kirche vornahm, waren die Wandmalereien unter einer dicken Kalkschicht versteckt.

ABB. 5b: Panagia Kera in Kritsa. Südschiff. "Türsturz" des südwestlichen Bogendurchgangs.
c: Nordschiff. "Türsturz" des nordwestlichen Bogendurchgangs.

DIE DARSTELLUNGEN IN DEN SCHIFFEN

Dass das Mittelschiff Maria Himmelfahrt geweiht ist, geht nicht aus einer Inschrift hervor, wie es bei den Widmungen der beiden Seitenschiffe der Fall ist. Laut Professor K. Kalokyris ist die Widmung auf eine in der Kirche gefundene Ikone aus dem 18. Jh. zurückzuführen. Oft wurde das Motiv der Agia Anna in der Viertelkugel des Südschiffs als Darstellung der Panagia interpretiert, was vielleicht ein Anlass für die neuere Widmung gewesen sein könnte.

Das Maria Himmelfahrt gewidmete Schiff ist im Gurtbogen und in der Kuppel mit Motiven aus dem Zyklus des Evangeliums geschmückt und an den Seiten mit Darstellungen einzelner Heiliger. Das Agia Anna gewidmete Südschiff ist im Gurtbogen mit Themen aus den verbotenen Evangelien geschmückt, die Szenen aus dem Leben der Heiligen Anna und des Joachim, den Eltern der Jungfrau Maria, zeigen, aber auch Szenen aus ihrem eigenen Leben bis zur Geburt Christus. An den Seitenwänden werden in der oberen Zone Brustbilder von Heiligen innerhalb eines Kreises abgebildet und in der breiteren unteren Zone Heilige in voller Gestalt.

Im Nordschiff, das Agios Antonios gewidmet ist, war der gesamte Bogen mit Darstellungen vom jüngsten Gericht geschmückt, wie aus den Überresten der Darstellungen auf der Nordseite und an der Westwand hervorgeht. An den geraden Oberflächen der Wände des Hauptkirchenraums sind Heilige, Männer wie Frauen, in voller Gestalt dargestellt. An der Nordwand sind die meisten Abbildungen abgeblättert oder völlig zerstört.

MITTELSCHIFF: MARIA HIMMELFAHRT.
DIE ERSTE SCHICHT DER FRESKEN
DIE APSIS UND IHRE SEITEN

In der Viertelkugel der Altarnische gab es eine Darstellung der auf einem Thron sitzenden Panagia (Allheiligen) vom Typ der Platytera (in schwangerem Zustand), von der der untere Teil ihres blauen Gewands erhalten ist. Links und rechts von ihr waren die Erzengel Michael und Gabriel abgebildet, von denen wenige erkennbare Spuren erhalten sind.

Nach einem Motiv aus dem 5. Jh. ist die Theotokos (Muttergottes), als Symbol der Fleischwerdung Christus und Brücke zwischen Himmel und Erde, in der Viertelkugel der Altarnische abgebildet.

Die Darstellung war ein Versuch der Kirche, dem Monophysitismus entgegenzutreten, der nur die göttliche Natur Christus akzeptierte und die menschliche ablehnte.

In der Altarnische werden auf einem Fresko aus dem 12. Jh. in Messgewänder gekleidete Priester in voller Gestalt abgebildet, die in den Händen offene Pergamentrollen halten und gemeinsam die Messe lesen. Sie blicken zum Mittelpunkt der Apsis und ihr Körper ist durch eine Dreivierteldrehung zur Mitte hin ausgerichtet (Abb. 6).

Links vom Betrachter werden die Priester Agios Nikolaos und Ioannis Chrysostomos abgebildet, und rechts Megas Basileios und Gregorios der Theologe (Abb. 7a,b). Zwischen ihnen gab es eine Darstellung des Melizomenos (geteilten) oder Thyomenos (geopferten), die auf die göttliche Liturgie verweist. Diese Darstellung zeigt Christus als Säugling auf einem Diskos mit Lanze, zwischen zwei weißgekleideten Erzengeln mit Fächern in den Händen, die sich ehrfurchtsvoll verbeugen. An den Seiten des Apsisbogens wird eine heute abgeblätterte Darstellung Mariä Verkündung gezeigt, wo der Erzengel Gabriel vom Betrachter aus links und die Jungfrau Maria rechts zu sehen ist.

Unter der Darstellung des Erzengels bei der Verkündung wird der Diakon Stephanos bartlos von vorne bis zur Körpermitte abgebildet, mit weißem Gewand, einem Rauchfass in der linken Hand und einem Weihrauchbehälter in der rechten. Der Diakon Romanos wird unterhalb der Darstellung Mariä Verkündung ebenfalls von vorn, aber mit Bart und in voller Gestalt abgebildet. Der untere Teil dieser Darstellung ist zerstört. In seinen Händen jedoch hält er wie Stephanos ein Rauchfass und einen Weihrauchbehälter (Abb. 8).

DER HAUPTKIRCHENRAUM

Nachdem ein Teil der Pfingstdarstellung (Pentekoste) aus der zweiten Freskenschicht abgebröckelt und heruntergefallen war, wurde im Giebelfeld des südlichen Kuppelbogens, außer einem Ziermotiv, das Brustbild einer Heiligen mit Märtyrerschwert in Frontalansicht gefunden. Im Giebelfeld des nördlichen Bogens wurde der Kopf eines Heiligen entdeckt sowie Spuren einer Darstellung, die nicht identifiziert werden kann.

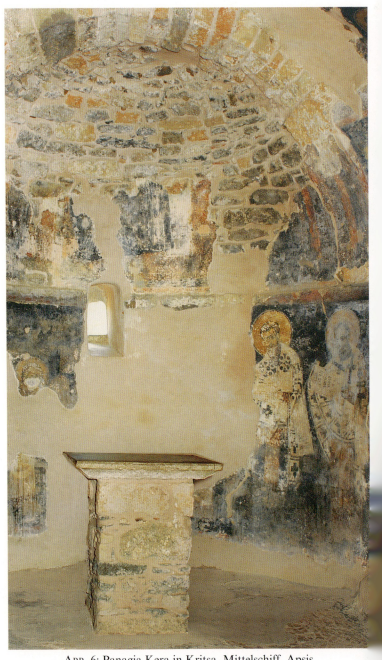

Abb. 6: Panagia Kera in Kritsa. Mittelschiff. Apsis.
Die erste Schicht der Fresken.

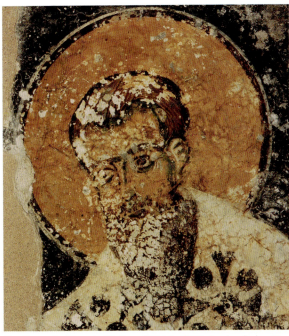

Abb. 7a: Panagia Kera in Kritsa. Mittelschiff. Apsis. Agios Basileios (Detailansicht aus Abb. 6).

Abb. 7b: Panagia Kera in Kritsa. Mittelschiff. Apsis. Agios Gregorios der Theologe (Detailansicht aus Abb. 6).

Abb. 8: Panagia Kera in Kritsa. Mittelschiff Apsis. Südseite. Der Diakon Romanos.

KUNSTSTIL UND DATIERUNG DER ÄLTEREN MALEREIEN DES MITTELSCHIFFS

Die Bilder der ersten Schicht, die in die Mitte des 13. Jh. datiert wurden, zeichnen sich durch ihre hellfarbigen, ebenen Flächen auf der hellgrünen Vorzeichnung aus, die wenigen weißen Pinselstriche, die intensive lineare Zeichnung der Gesichtszüge und Umrisse, die auffällige Wiedergabe der Haarbüschel und Ohren (über den Ohren steht ein weißes Epsilon und manchmal ein weißes F), die in einer eigentümlichen Art von Schmuck enden (Abb. 7a,b, 8). Die Augen sind groß, schwarz und mandelförmig mit klarem Umriss, der zur Seite gerichtete Blick ist lebhaft. Das weich gemalte Gesicht mit den diskreten Gegensätzen strahlt Frieden und Würde aus und die hohe Stirn verleiht den Gestalten Geistlichkeit. Die völlig unklassisch über der Nase zusammenlaufenden dichten Augenbrauen, machen das Gesicht schwer, teilen es in zwei ungleiche Hälften und verraten den volkstümlichen Maler, der an den Idealen des 11. und 12. Jahrhunderts festhält, die auf Kreta zu Beginn des 13. Jh., wohin die Bilder der ersten Schicht datiert werden können, noch starken Einfluss hatten.

MITTELSCHIFF: DIE ZWEITE SCHICHT DER FRESKEN

Die zweite Schicht der Fresken ist an den Seitenwänden (der nördlichen und der südlichen) der Altarnische zu sehen, am Bogen der Altarnische und in der restlichen Kirche bis auf den Bereich der Tympanons, wo die Malereien, wie bereits erwähnt, zerstört sind, was die Entdeckung der Fresken der ersten Schicht zur Folge hatte.

DIE PRIESTER AN DEN SEITENWÄNDEN DER ALTARNISCHE

An der nördlichen Seitenwand der Altarnische ist der Apostel Titos, der Gründer der kretischen Kirche und ihr erster Bischof sowie der Apostel Andreas abgebildet, deren Körper beim Erschließen des gewölbten Durchgangs, der den Altarraum des Mittelschiffs mit dem des Nordschiffs verband, zerstört wurden (Abb. 9). An der Südwand sind Agios Eleutherios (in schlechtem Erhaltungszustand) und Agios Polykarpos, der Bischof von Smyrna und Schüler von Joannes dem Evangelisten abgebildet.

An der Innenseite des Bogens, der die Altarnische vom Hauptkirchenraum trennt, sind in seinem Nordbereich von oben nach unten der Prophet Solomon in voller Gestalt en face mit königlichem Diadem, königlicher Kleidung und einer offenen Pergamentrolle in der Hand abgebildet und am nächsten Pfeiler (dem senkrechten Teil des Bogens) Agios Panteleimon (auch Panteleemon) und Agios Kerykos, die ähnlich gekleidet sind. Am südlichen Innenteil des Bogens sind von oben nach unten der Prophet David mit königlichem Gewand, Diadem und "Prependoulia" (hängende Ornamente) im gleichen ikonographischen Stil wie Solomon

ABB. 9: Panagia Kera in Kritsa. Mittelschiff. Altarraum. Nordwand.
Agios Titos und Agios Andreas.

abgebildet, Agios Ermolaos und Agia Julitta, die Mutter von Agios Kerykos, deren Abbildung direkt mit der ihres Sohnes in Verbindung steht, der sich genau ihr gegenüber befindet.

DIE HIMMELFAHRT

Nach seiner Auferstehung erschien Jesus in Emmaus zwei seiner Jünger und speiste mit ihnen, ohne, dass sie ihn erkannten. Während des Essens segnete er das Brot, wie er es beim Heiligen Abendmahl getan hatte. Da wurden seine Jünger erleuchtet, aber er verschwand wieder, und die Beiden gingen nach Jerusalem, wo sie sich mit den anderen Jüngern trafen, denen sie erzählten, was sie erlebt hatten. Bevor sie ihre Erzählung beendet hatten, erschien ihnen Jesus erneut und grüßte sie mit den Worten "Eirene hymin" (Friede sei mit euch).

Das plötzliche Erscheinen Jesus erschreckte die Jünger, die glaubten, einer Halluzination erlegen zu sein. Jesus erkannte ihre Angst und ihre Zweifel und forderte sie auf, seine Wunden von den Nägeln zu berühren. Er bat sie außerdem, ihn zu bewirten, damit sie sehen konnten, dass es sich nicht um ein Trugbild handelte. Bei diesem Zusammentreffen eröffnete er ihnen, dass sie seine Lehre in der ganzen Welt verbreiten sollten, angefangen in Jerusalem. Er versprach ihnen, dass sie Gott für diese schwere Aufgabe, die er ihnen auftrug, mit dem Heiligen Geist erleuchten würde und trug ihnen auf, solange in Jerusalem zu bleiben, bis sie die Erleuchtung empfangen würden. Anschließend ging Jesus mit seinen Jüngern zum Ölberg, wo er, nachdem er sie gesegnet hatte, zum Himmel aufstieg. Die Jünger erschraken aufs Neue, als sie ihn zu Himmel aufsteigen sahen. Da erschienen zwei Engel, die sie beruhigten und ihnen erklärten, dass ihr Lehrer in den Himmel fuhr, um bis zum Jüngsten Gericht zur Rechten seines Vaters zu sitzen.

Das Thema der Himmelfahrt wird immer im Altarbogen wiedergegeben (Abb. 10). Im Zentrum sitzt Jesus Christus mit rundem Heiligenschein auf einem Thron und wird von vier Engeln in den Himmel getragen. Links und rechts des aufsteigenden Jesus sind die Apostel und die Jungfrau Maria abgebildet, die bewegt und betend die Szene verfolgen, während er sie segnet. Zwei Engel, auf jeder Seite einer, beruhigen sie und erklären ihnen den Vorgang der göttlichen Himmelfahrt (Abb. 11). Auf der Nordseite, wo auch die Jungfrau Maria abgebildet ist, kann man Paulus erkennen, der eine rote Mappe mit seinen 14 Briefen hält.

DIE DARSTELLUNGEN IN DER KUPPEL

Laut der Definition des Patriarchen von Konstantinopel, Photios, hinsichtlich der einzelnen Kirchenabschnitte, symbolisiert die Kuppel den Himmel, wo Christus wohnt, während die unteren Teile, die senkrechten Flächen der Seitenwände und der entsprechende Abschnitt im Westteil unterhalb des Tympanons die Erde symbolisieren, wo die Heiligen geboren wurden und leiden und die Gläubigen leben. So wird also in den oberen Abschnitten der Kirche der Zyklus des Evangeliums dargestellt, also das Leben Christi auf der Erde und in den unteren die Märtyrer und Heiligen, die Kämpfer des Glaubens. Das Thema in der Kuppel war vorbestimmt, wie auch die ikonographischen Zyklen in jedem Abschnitt der Kirche. Im 13. Jahrhundert wurde die Decke der Kuppel von Jesus dem

ABB. 10: Panagia Kera in Kritsa. Mittelschiff. Altarbogen. Die Himmelfahrt (Detailansicht).

Abb. 11: Panagia Kera in Kritsa. Mittelschiff. Altarbogen. Nordteil. Die Apostel und Maria (Detailansicht).

Abb. 12: Panagia Kera in Kritsa. Mittelschiff. Altarbogen. Südteil. Die Apostel (Detailansicht).

Pantokrator beherrscht, das Tympanon von Engeln und Propheten (Abb. 13a) und die sphärischen Dreiecke von den vier Evangelisten.

Die Punkte, an denen die konventionelle Ausschmückung und die Ausführung in Kritsa übereinstimmen, sind die vier Evangelisten in den sphärischen Dreiecken, die Engel zwischen den Evangelisten und die Propheten in der zweiten Zone des Tympanons (Bild 13b). Die Unterschiede finden sich in den Szenen aus dem Evangelium und den vier "Exapteryga" (Banner mit Himmelswesen) in der Kuppelspitze. Szenen aus dem Evangelium im Tympanon der Kuppel

ABB. 13a: Panagia Kera in Kritsa. Mittelschiff. Kuppel.
Der Prophet Jesaja zusammen mit einer nicht identifizierbaren Gestalt (Detailansicht).

findet man in der Kirche der Apostel Petrus und Paulus in Novi Pazar im ehemaligen Jugoslawien, die aus dem 10. Jahrhundert stammt. Zwischen Novi Pazar und Kritsa müssen noch andere Monumente existiert haben, und zwar auch auf Kreta, von denen wir vermuten, dass sie ikonographische Wegbereiter waren. Sicher hat bei der Ausschmückung der Kuppel mit Szenen aus dem Evangelium die Bauweise mit den hervorstehenden Kreuzrippen

ABB. 13b: Panagia Kera in Kritsa. Mittelschiff. Kuppel. Der Evangelist Lukas.

eine große Rolle gespielt, die eine Darstellung des Pantokrators an der Decke nicht zuließen, was zur Folge hatte, dass die konventionelle Darstellung durch andere christologische Szenen ersetzt werden musste, die in Verbindung mit den großen Propheten, den Bannern, den Engeln und den Evangelisten die zweifache Natur Jesus, die menschliche und die göttliche, hervorhoben. Es ist jedenfalls eine Tatsache, dass die Ausschmückung des Mittelschiffs im Allgemeinen durch eine archaische Note bestimmt wird, die sich mit neueren Elementen vermischt. Die Ausschmückung der Kuppel ist im griechischen Raum einmalig und generell sehr selten anzutreffen.

Die Kuppel der Kirche in Kritsa wird also durch sich kreuzende überstehende Rippen in vier dreieckige Flächen unterteilt, in denen Motive aus dem christologischen Zyklus zu sehen sind, die Christus zweifache Natur, die göttliche und die menschliche, unterstreichen. In den folgenden vier dreieckigen Flächen, die in drei waagerechte Zonen eingeteilt sind, werden in der obersten "Exapteryga" abgebildet, in der mittleren Maria Lichtmess (Hypapante), die Taufe, der Einzug in Jerusalem (Palmenträger) und die Auferstehung des Lazarus, und in der Dritten die zwölf Apostel in voller Gestalt. In den sphärischen Dreiecken werden die vier Evangelisten dargestellt und zwischen ihnen die vier Erzengel, Michael, Gabriel, Raphael und Uriel von vorne als Brustbild.

Lassen Sie uns jedoch die Darstellungen mit den religiösen Episoden betrachten, die hauptsächlich aus dem Leben Jesus und Marias gegriffen sind und das eigentümliche Evangelium der ungebildeten Christen erzählen.

Hypapante (Maria Lichtmess)

Laut dem mosaischen Gesetz mussten die erstgeborenen Knaben –die als heilig galten– 40 Tage nach ihrer Geburt im Tempel von Jerusalem geweiht werden. Zu dieser Weihung gehörte, wenn die Eltern arm waren, die Opferung von zwei Turteltauben oder zwei Tauben. Maria und Joseph gingen zum Tempel in Jerusalem und brachten zwei weiße Tauben als Opfer dar. Dort trafen sie den weißen Simeon, einen alten Jerusalemer, der vom Heiligen Geist erfahren hatte, dass er nicht eher sterben würde, bevor er den Sohn Gottes gesehen habe. Sobald Simeon Jesus in die Arme nahm, erkannte er, dass es sich um Gottes Sohn handelte. Er wendete sich an Gott und sprach den berühmten Satz: "Nun lässt du, Herr, deinen Knecht, wie du gesagt hast, in Frieden scheiden". Die Nächste, die nach Simeon Jesus göttliche Natur erkannte, war die Prophetin Hanna, die Enkelin des Erzvaters Iakob, die seit Jahren im Tempel diente, ohne ihn jemals verlassen zu haben. Sie sprach die Worte: "Dieses Kind hat Himmel und Erde geschaffen".

Bei der Darstellung Maria Lichtmess wird die Weihung Jesus im Tempel von Jerusalem durch Maria und Joseph gezeigt und die Begegnung mit Simeon und Hanna (Abb. 14). Den Hintergrund des Gemäldes bilden zwei hohe, turmähnliche Bauten mit zweifach geneigtem Ziegeldach, die mit einem niedrigeren säulengestützten Gebäude verbunden sind. Links vom Betrachter ist Joseph mit zwei Tauben in den Händen abgebildet, was als gebräuchliche Opfergabe galt. Vor ihm steht Maria mit vorgestreckten Armen, was darauf hinweist, dass sie dem alten Simeon gerade Jesus gereicht hat, der zu seiner Mutter hingewendet ist, so wie es jedes Kind in dieser Situation tun würde. Dieses Detail hebt die menschliche Natur Jesus hervor, und zeigt gleichzeitig den Einfluss der paläologischen Ikonenmalerei, die sich dem Menschen und der Realität zuwendet. Simeon hält den weißgekleideten Christus in den Armen und ist dabei leicht in den Knien eingeknickt, was entweder seinem fortgeschrittenen Alter, seiner Ergriffenheit oder dem "göttlichen Gewicht" Christus zuzuschreiben ist. Hinter Simeon ist die Prophetin Hanna abgebildet, die mit zum Himmel erhobener rechter Hand Gott preist und in der linken eine offene Pergamentrolle hält, auf der zu lesen ist: "Dieses Kind hat Himmel und Erde geschaffen".

ABB. 14: Panagia Kera in Kritsa. Mittelschiff. Kuppel.
Maria Lichtmess.

DIE TAUFE

Nach dem Tod König Herodes erhielt Joseph von einem Engel des Herrn den Auftrag nach Judäa zurückzukehren. Dort aber regierte Archeloas, der Sohn Herodes, weshalb Joseph es vorzog, sich in Nazareth, einem kleinen Dorf in Galiläa, niederzulassen. Zur gleichen Zeit begann Johannes, der Sohn Elisabeths, ein erleuchteter Asket, der in ein Kamelfell gekleidet in der Wüste lebte und sich von zarten Pflanzensprossen und wildem Honig ernährte, das Wort Gottes zu predigen, um die Menschen auf die Ankunft Jesus vorzubereiten. Aus diesem Grund wurde er auch "Prodromos" (der Vorläufer) genannt. Als Johannes seine Predigten hielt, kamen viele Menschen, um ihm zuzuhören und sich im Jordanfluss taufen zu lassen. Auch Christus ging zum Jordan, um sich taufen zu lassen, aber Johannes erkannte ihn und weigerte sich, die Taufhandlung zu vollziehen, weil er glaubte, er sei nicht würdig genug. Christus erinnerte ihn jedoch an die Prophezeiungen, worauf Johannes nachgab. Als Christus im Fluss stand, öffnete sich der Himmel und der Heilige Geist schwebte in Form einer Taube über seinem Kopf. Vom Himmel war die Stimme Gottes zu hören, die sprach: Dies ist mein geliebter Sohn, an dem ich Wohlgefallen habe.

Im Zentrum der Darstellung sieht man Christus nackt mit weit vom Körper abgespreizten Armen im Jordanfluss, der die Form eines Sees hat. Die vom Betrachter aus gesehen linke Uferseite bildet einen Winkel, neben dem Johannes der Vorläufer steht (Abb. 15). Von seiner Gestalt, die zerstört ist, kann man seine Beine, das Ende seines Fells und seine Hände erkennen. Die Linke ist zum Gebet erhoben und die Rechte ruht auf Jesus Kopf. Am rechten Ufer heben drei Engel, die zu Christus und Johannes hinsehen, ihre von der Kleidung verdeckten Hände zum Gebet. Der Heilige Geist in Form einer Taube ist zerstört. Im Fluss sind noch zwei Reflektionen davon zu erkennen, sowie große und kleine Fische, ein Segelboot und ikonographische Elemente, Überbleibsel der hellenistischen Malerei. Die Darstellung von Jesus Körper hat einen ausgeprägten tektonischen Charakter. Unterhalb der Taille macht er eine Drehung nach rechts, nicht nur um sein Geschlecht zu verdecken, sondern auch den Körperbereich, wo es sich befindet.

ABB. 15: Panagia Kera in Kritsa. Mittelschiff. Kuppel
Die Taufe.

Der Einzug in Jerusalem (Palmenträger)

Christus besuchte zusammen mit seinen Jüngern die Städte Israels, wo er viele Menschen, die an ihn glaubten, lehrte und heilte. Von Jericho, der letzten Stadt, begaben sie sich nach Jerusalem. Als sie nach Bethfage kamen, das ein Stückchen außerhalb Jerusalems liegt, schickte Jesus zwei seiner Jünger in das nahegelegene Dorf, damit sie ihm einen jungen Esel brächten, von dem er wusste, dass er bisher noch nie jemanden getragen hatte. Sie würden ihn gleich am Eingang des Dorfes finden. Für den Fall, dass jemand versuchen sollte, sie zu hindern, trug er ihnen auf zu sagen, ihr Herr bräuchte das Tier und würde es bald zurückbringen. So geschah es, und die Prophezeiungen Jesajas und Zacharias über den Einzug Jesus nach Jerusalem bewahrheiteten sich. Die Jünger legten ihre Mäntel auf

ABB. 16: Panagia Kera in Kritsa. Mittelschiff. Kuppel. Der Einzug in Jerusalem (Palmenträger).

den Esel und Christus setzte sich auf ihn. Inzwischen hatte sich herumgesprochen, dass er Lazarus vier Tage nach seiner Beerdigung wieder zum Leben erweckt hatte. Bei der Nachricht seiner Ankunft versammelten sich große Menschenmengen und breiteten auf der Straße, wo er ging, ihre Mäntel und Palmenzweige aus. Diejenigen die vorausgingen riefen: Hosianna! Gelobt sei, der da kommt im Namen des Herrn. So ritt Christus durch die begeisterte Menge und kam fünf Tage vor dem jüdischen Osterfest zum Tempel von Jerusalem. Unter der Menge befanden sich auch einige Pharisäer, die, als sie sahen, wie beliebt Christus beim Volk war, beschlossen, ihn so bald wie möglich zu verhaften.

Die Darstellung über den Einzug in Jerusalem zeigt uns, wie Christus vor den Toren Jerusalems empfangen wird (Abb. 16).

Rechts im Hintergrund sind ziegelgedeckte Gebäude zu sehen, die Stadtmauern und das Stadttor, auf das Christus auf dem weißen Esel sitzend zureitet. Hinter ihm sind drei seiner Jünger auszumachen, man kann Petrus und Johannes erkennen, und vor ihm sind die Überbleibsel eines zerstörten Baums zu sehen, neben dessen Stamm ein weißgekleidetes Kind den Weg mit Palmwedeln auslegt. Am Tor der Stadtmauer wartet eine Gruppe Judäer auf ihn, um ihn zu empfangen. Die Gestalt Christus befindet sich im Zentrum der Darstellung und wird in großem Maßstab wiedergegeben. Die Gruppen mit seinen Jüngern und den Judäern sind dreieckig angeordnet mit dem Versuch, sie als Hintergrund darzustellen. Die das Bild beherrschenden Farben sind das Weiß des Esels, das Rot der Kleidung zweier Jünger und eines Judäers, der Hausdächer und des auf dem Esel ausgebreiteten Stoffs, das Hellgrau der Gewänder der beiden Gruppen und das Ziegelrot des Bodens. Christus trägt ein kastanienbraunes Gewand und einen dunkelgrünen Umhang.

Die Auferstehung des Lazarus

Christus befand sich am Jordanfluss, als er erfuhr, dass Lazarus, der Bruder Marias und Marthas aus Bethania, schwer krank war. Obwohl Christus Lazarus sehr liebte, machte er sich keine großen Sorgen wegen seinem Gesundheitszustand. Die Krankheit Lazarus wird der Anlass sein, dass Gott und sein Sohn gepriesen werden, sagte er. Nach einigen Tagen ging Christus nach Bethania, aber Lazarus war bereits vier Tage zuvor gestorben. Aber selbst bei dieser Nachricht zeigte er sich nicht beunruhigt und bat, man solle ihn zum Grab führen, einer Höhle, die mit einem riesigen Felsen versperrt war. Er bat, dass man den Felsen beiseite schob und forderte Lazarus auf: Lazarus, komm heraus, woraufhin Lazarus aus dem Grab trat. Jesus bat einen Diener, Lazarus das Totenhemd abzunehmen und ließ ihn dann zu Fuß nach Hause gehen.

Christus wird links auf dem Bild zusammen mit einer kleinen Gruppe von Jüngern abgebildet, denen Petrus vorsteht. In der Bildmitte knien Lazarus Schwestern, Martha, die den Kopf dem Grab zugewendet hat und Maria und beten Christus an. Rechts sieht man den auferstandenen Lazarus in Leichentücher gewickelt, die ihm ein Judäer abnimmt, hinter ihm steht eine Gruppe Judäer (Abb. 17). Die Darstellung weist große Schäden auf. Die Gestalt des Dieners, der sich wegen dem Geruch, den Lazarus ausströmt, mit seinem Gewand die Nase zuhält, ist teilweise zerstört.

Abb. 17: Panagia Kera in Kritsa. Mittelschiff.
Die Auferstehung des Lazarus.

DIE DARSTELLUNGEN IM GURTBOGEN

Im südlichen Abschnitt des Gurtbogens kann man von Osten nach Westen nachstehende Darstellungen erkennen: Oben, Christi Geburt und seine Hadesfahrt, unten, der Kindermord und das Paradies. Im entsprechenden nördlichen Abschnitt des Bogens, von Westen nach Osten, sind die Darstellungen "das Gastmahl des Herodes", "Maria im Tempel" und das "heilige Abendmahl" erhalten. Die zerstörte Darstellung war aller Wahrscheinlichkeit nach "der Verrat".

Die Geburt

Nach dem Erlass der römischen Verwaltung wegen der Volkszählung mussten Joseph und seine Familie, d.h. Maria und seine beiden Söhne nach Bethlehem reisen, um sich erfassen zu lassen. Laut dem Protevangelium des Jakobus bekam Maria kurz vor Bethlehem die Wehen und flüchtete sich trotz der Einwände Josephs mit seinen Söhnen in eine Höhle in der Einöde, während ihr Mann nach Bethlehem ging, um eine Hebamme zu finden. Laut dem

Evangelisten Lukas wurde Christos in Bethlehem in einem Stall geboren, wo Joseph Zuflucht fand, weil alle Herbergen voll mit Reisenden waren. Die Ersten, die die frohe Nachricht erfuhren, waren ein paar Hirten, die nachts ihre Schafe hüteten.

Die Darstellung wird von der Gestalt Marias beherrscht, die ungefähr drei Mal so groß ist, wie die anderen Personen auf dem Bild (Abb. 18). Sie wird entspannt sitzend mit friedlichem Gesicht dargestellt, was darauf hinweist, dass die Geburt schmerzlos war. Hinter ihr ist in einer gemauerten Krippe der in Tücher gewickelte Jesus zu sehen. Vom Betrachter aus in der linken Ecke sitzt Joseph in Gedanken vertieft und hat sein Gesicht in die Hände gestützt. Neben ihm bereitet die Hebamme Salome das Bad des Säuglings in einem Marmorbecken vor, das einen hohen Fuß, ähnlich einem Taufbecken, hat. Oberhalb von Joseph bringen die drei Weisen

ABB. 18: Panagia Kera in Kritsa. Mittelschiff. Gurtbogen. Hauptkirchenraum. Die Geburt.

Geschenke, auf dem Höhlendach singen Engel, die Schäfer und ihre Tiere gehen auf den Eingang zu. Diese ikonographische Darstellung ist seit dem 8. Jahrhundert bekannt und ist auf Fresken, Ikonen und Handschriften anzutreffen.

DER KINDERMORD DES HERODES

Vor der Geburt Jesus sahen drei weise Männer, Zauberer und Astronomen, aus dem Morgenland einen strahlenden Stern am Himmel aufgehen, der die Geburt des Königs der Juden ankündigte. Sie wollten dem neuen König huldigen und folgten dem Stern bis nach Judäa. Als sie nach Jerusalem kamen, erlosch der Stern, und so erkundigten sie sich, wo der neue König geboren wurde. Sobald König Herodes von der Geburt eines neuen Königs erfuhr, wurde er wütend und fragte seine Oberpriester und Sekretäre, was die Prophezeiungen dazu sagten. Sie antworteten ihm, der Prophet Michäas habe geschrieben, der größte Herr der Welt würde in Bethlehem geboren werden. Der listige Herodes rief die drei Weisen zu sich und fragte sie, wie viel Zeit vergangen sei, seit sie den Stern gesehen hatten, damit er das Alter des Säuglings errechnen konnte. Er schickte sie nach Bethlehem mit der Bitte, ihn zu benachrichtigen, sobald sie den neuen König gefunden hätten, damit auch er hingehen könne, um ihm Ehre zu erweisen. Die drei Weisen fanden Christus mit Hilfe des Sterns, der, sobald sie Jerusalem verlassen hatten, wieder aufging. Sie beteten ihn an, beschenkten ihn mit Gold, Weihrauch und Myrrhe, unterließen es jedoch, Herodes zu benachrichtigen, weil ihnen ein Engel Gottes erschienen war und ihnen aufgetragen hatte, Jesus Aufenthaltsort nicht preiszugeben und auf einem anderen Weg in ihre Heimat zurückzukehren. Zur gleichen Zeit erschien ein anderer Engel Joseph und trug ihm auf, mit Maria und Christus heimlich nach Ägypten zu gehen.

Sobald Herodes gewahr wurde, dass er umsonst auf die drei Weisen wartete, gab er seinen Soldaten den Auftrag, alle Kinder in Bethlehem und Umgebung bis zum Alter von zwei Jahren, zu töten. Sein Befehl wurde ausgeführt und überall brach Jammer und Klage aus, und die Prophezeiung Jeremias bewahrheitete sich, die besagte, dass selbst Rachel, die tote Ehefrau des Erzvaters Jakob, den Verlust der Kinder ihrer Nachkommen beklagen würde.

Bei der Darstellung des Kindermordes wird auf brutale Weise, die durch die volkstümliche Maltechnik etwas gemildert wird, die barbarische Ermordung der Säuglinge durch Herodes Soldaten wiedergegeben, ebenso die Trauer Rachels und die Verfolgung Elisabeths und Johannes (Prodromos) –der ungefähr im gleichen Alter wie Jesus war– und der Berg, der sich öffnete, um sie vor den Soldaten zu verbergen (Abb. 19).

Links vom Betrachter wird der thronende König Herodes abgebildet und hinter ihm ein Wächter. Die Gestalt Herodes ist die größte der ganzen Darstellung, danach kommt die eisenbewehrte Gestalt seines Wächters. Vor Herodes werden auf zwei Ebenen seine Soldaten abgebildet mit Helmen, Kettenpanzern und Speeren, auf deren Spitzen die ermordeten Kinder und Säuglinge aufgespießt sind. Im westlichen Bereich des Bildes werden Elisabeth und Johannes der Täufer innerhalb des Berges, der sich geöffnet hat, um

ABB. 19: Panagia Kera in Kritsa. Mittelschiff. Gurtbogen. Hauptkirchenraum. Kindermord des Herodes.

sie vor Herodes Soldaten zu verbergen, dargestellt. Der Soldat, der sie verfolgt hatte, steht daneben. Unterhalb des Berges sieht man drei abgeschnittene Köpfe und die senkrechte Achse schließt mit der Ahnmutter Christus, der gerechten Rahel, die um die Kinder Israels trauert. Auf ihrer Schürze erkennt man drei abgeschnittene Kinderköpfe.

HADESFAHRT CHRISTI (AUFERSTEHUNG)

Wie der Apostel Bartholomäus in seinem verbotenen Evangelium schreibt, blieb er bis spät abends auf dem Hügel Golgatha. Als es dunkel wurde, sah er, dass Jesus vom Kreuz verschwunden war. Gleichzeitig hörte er Wehklagen und "Zähneknirschen". Beim ersten Zusammentreffen Jesus mit seinen Jüngern nach der Auferstehung fragte ihn Bartholomäus, wohin er sich, nachdem er vom Kreuz gestiegen war, gewendet hatte. Christus erklärte ihm, er sei in den Hades hinabgestiegen, um den in der Dunkelheit gefangenen Toten Leben und Auferstehung zu schenken. Laut dem verbotenen Evangelium des Nikodemos sahen Adam, der Urvater aller Menschen, die Propheten und die Erzväter Israels das purpurne Licht der Sonne in den Tiefen der Hölle und erinnerten sich augenblicklich an ihren Schöpfer, der ihnen das ewige Licht versprochen hatte. Der Prophet Jesaja rief ihnen seine Prophezeiung vom Licht des "Vaters und des Sohns" in Erinnerung, das über den Toten aufgehen sollte. Theodochos Simeon erinnerte sie an seine Erleuchtung durch den Heiligen Geist bei der Beschneidung Christus, die ihn von der Rettung der Völker durch den göttlichen Säugling sprechen ließ. Gleich danach erschien Johannes der Täufer, der die Hadesfahrt Jesus bestätigte, die von einer dröhnenden Stimme angekündigt wurde, die den Herren der Hölle befahl, die Tore zu öffnen, damit der König des Ruhmes passieren könne. Und Christus erschien und erhellte die Dunkelheit, trat die Tore und Ketten des Hades mit Füßen und befreite Adam.

Die Darstellung der Hadesfahrt Christi weist ausgedehnte Schäden durch Abblätterung auf. Die Ikonographie ist kurzgefasst mit einem stark archaischen Charakter.

Die königlichen Propheten David und Solomon, die Jesus Geburt prophezeit hatten, werden bis zur Körpermitte in Marmorsarkophagen dargestellt, die vom Glorienschein Jesus rot beleuchtet werden (Abb. 20). David und Solomon tragen Diademe und königliche Kleidung in charakteristischer roter Farbe. Oben wird Johannes der Täufer und aller Wahrscheinlichkeit nach der Prophet

ABB. 20: Panagia Kera in Kritsa. Mittelschiff. Hauptkirchenraum. Gurtbogen. Die Hadesfahrt Christi (Detailansicht).

Jesaja abgebildet. Beide Gestalten sind abgeblättert, man kann jedoch ihre Hände erkennen, die im Gebet erhoben sind, ihre dunkelfarbigen Gewänder und die kastanienbraunen Umhänge. Im Zentrum wird Christus in großem Maßstab dargestellt, umgeben von einem orangeroten Glorienschein. Sein Oberkörper ist dynamisch nach links gedreht, mit der rechten Hand zieht er Adam aus einem Marmorsarkophag (man erkennt den Heiligenschein und schwach seine Gestalt), von der Taille abwärts ist sein Körper nach rechts gedreht. Mit den Zehenspitzen steht er auf den zerbrochenen Toren des Hades. Trotz der Zerstörung und Abblätterung der Darstellung vermittelt die dynamische Bewegung Jesus, wie er den knienden Adam aus dem dunklen Gefängnis des Hades zieht, in Verbindung mit dem intensiven Rot seines Heiligenscheins und den Sarkophagen der königlichen Propheten, den dramatischen Charakter, den dieses Bild enthält. Christus trägt ein dunkelgraues Gewand und einen dunklen orangegoldenen Umhang, das über seinem rechten Knie dreieckige Falten schlägt, was seine dynamische Niederfahrt andeutet.

DAS PARADIES

Bei der Darstellung herrscht die in Frontalansicht wiedergegebene betende Maria vor, die auf einem hohen Thron mit einer perlenverzierten Fußstütze sitzt (Abb. 21). Ihre Kleidung besteht aus einem dunklen Gewand und einem dunkelbraunen Kopftuch. Rechts von ihr ist der rechte Schächer Dismas, dem Christus einen

Platz im Paradies versprochen hatte, mit einem Kreuz in der rechten Hand abgebildet, mit der Linken betet er. Er steht vor dem Tor des Paradieses, das von einem Flammenschwert bewacht wird. Der Schächer trägt nur die weiße Weste der Kreuzigung. Links von Maria, in der gleichen Reihe, jedoch auf einer tieferen Ebene, sind die Erzväter Isaak, Abraham und Jakob sitzend auf Thronen mit roten Fußstützen abgebildet. In einem dreifachen Glorienschein halten sie die Seelen der Gerechten, die als weißgekleidete Knaben in Büstenform dargestellt sind. Die Erzväter tragen dunkelgrüne Gewänder und kastanienbraune Umhänge. Die strenge Vorderansicht wird durch die Ausarbeitung der Waden, die Blickrichtung und die leichte Kopfdrehung Abrahams nach links und Jakobs nach rechts gemildert. Ihr Gesichtsausdruck unterstreicht die Feierlichkeit der Zeremonie, während die hohen Obstbäume und der weiße Hintergrund des Bildes auf die idyllische und friedliche Atmosphäre des Paradieses hinweisen.

ABB. 21: Panagia Kera in Kritsa. Mittelschiff. Hauptkirchenraum. Gurtbogen. Das Paradies.

Das Gastmahl des Herodes

Herodes Antipas der Tetrarch von Galiläa ließ damals Johannes den Täufer (Prodromos) ins Gefängnis werfen, weil der ihn wegen seiner Ehe mit Herodia, der Frau seines Bruders Philippus, verurteilte. Er wagte es vorerst nicht, ihn zu töten, da Johannes beim Volk sehr beliebt war. Aber die Gelegenheit ließ nicht lange auf sich warten. An seinem Geburtstag gab Herodes für seine Freunde ein Festmahl, bei dem natürlich auch Herodia und ihre Tochter Salome anwesend waren. Salome tanzte so anmutig für ihn, dass er ihr versprach, er würde ihr jeden Wunsch erfüllen. Sie ließ sich von ihrer Mutter beeinflussen und forderte den Kopf Johannes des Täufers.

ABB. 22: Panagia Kera in Kritsa. Mittelschiff. Hauptkirchenraum. Gurtbogen. Das Gastmahl des Herodes (Detailansicht)

Das Thema der Ikone wird rechts hinter der waagrechten Hauptachse der Tafel aufgebaut, die hervorgehoben wird durch das weiße Tischtuch und die roten Vorhänge, mit denen die Lücken zwischen den turmähnlichen Gebäuden im Hintergrund überbrückt werden (Abb. 22). In dem vom Betrachter aus gesehen rechten Teil der Darstellung wird die Achse senkrecht. Dort steht die hohe schlanke Gestalt Salomes, die über ihrem Kopf einen Teller mit dem Haupt Johannes des Täufers trägt, daneben steht der gebeugte Körper des Heiligen, und hinter ihm ist die Gestalt des Henkers zu erkennen, der bereit ist, ihn zu enthaupten. Auf der Tafel sieht man kunstvolles venezianisches Glasgeschirr, Besteck, Brot und weißen Rettich.

Maria im Tempel (Maria Opferung)

Als Maria drei Jahre alt wurde, beschlossen Joachim und Anna, dass es an der Zeit sei, ihr Versprechen, das sie Gott gegeben hatten, einzulösen und ihre Tochter zum Tempel zu bringen. Weil sie jedoch fürchteten, dass sich Maria, die ja noch sehr jung war, gegen ihre Weihung wehren würde, arrangierten sie, um sie zu beeindrucken, einen kleinen zeremoniellen Festzug, an dem alle reinen hebräischen Töchter teilnahmen und angezündete Kerzen trugen. Maria aber wollte gar nicht mit ihren Eltern zurückgehen, sondern blieb begeistert im Tempel, wo sie von einem Engel des Herrn gespeist wurde.

Auf der Darstellung mit dem Titel "Maria im Tempel" wird die Ankunft Joachims, Annas und der hebräischen Jungfrauen beim Tempel wiedergegeben. Vorneweg ist Maria, die von dem Ober-

Abb. 23: Panagia Kera in Kritsa. Mittelschiff. Hauptkirchenraum. Gurtbogen. Maria im Tempel (Maria Opferung).

priester Zacharias empfangen wird (Abb. 23). Links vom Betrachter werden die hebräischen Jungfrauen abgebildet, von denen jene auffällt, die hinter der Heiligen Anna zu sehen ist. Sie unterscheidet sich in der Kleidung von den Übrigen: Sie trägt eine weiße "Granatza", ein Purpurkleid und ein "Mandi" (eine Art Umhang), das am Hals von einer Schnalle zusammengehalten wird. Es handelt sich hierbei um die byzantinische Tracht, die von den kretischen Edelfrauen bis zum 15. Jahrhundert getragen wurde. Hinweisendes Beispiel hierfür ist die Kleidung der Frau des Stifters und Kirchengründers Mazizanis, die auf der Widmung im Nordschiff abgebildet ist – sie trägt die gleiche Kleidung.

Hinter Zacharias sieht man die Speisung Marias durch den Engel während ihres Aufenthalts im Tempel. Die Gestalten werden ziemlich hoch im westlichen Bereich dargestellt, zur Gestalt Zacharias hin kleiner werdend, wo das Bild bei der Darstellung der Speisung Marias durch den Engel seine größte Höhe erreicht. Auf diese Weise hebt der Ikonenmaler den Schwerpunkt der Darstellung hervor, d.h. den göttlichen Schutz, von dem Maria umgeben wird.

Das Heilige Abendmahl

Während die Schreiber und Pharisäer beschlossen hatten, Jesus im Anschluss an das bevorstehende Osterfest gefangen zu nehmen, suchten seine Jünger nach einem geeigneten Raum für das Ostermahl. Sie fragten ihren Lehrer und er trug ihnen auf, zwei von ihnen sollten nach Jerusalem gehen und einem Mann folgen, der einen Wasserkrug zu einem Haus tragen würde. Sie sollten den Besitzer des Hauses fragen, wo Jesus und seine Jünger ihr Ostermahl abhalten könnten. So geschah es. Der Hausbesitzer zeigte ihnen einen Saal im Obergeschoss des Hauses, wo sie das Mahl vorbereiteten.

Im Verlauf des Abendmahls verkündete Jesus seinen Jüngern, dass ihn einer von ihnen verraten würde. Sie waren alle bestürzt, und jeder fragte für seine Person, ob er es sein würde, da sie fürchteten, sie seien durch den Willen Gottes dazu ausgewählt. Jesus lies sie nur wissen, dass der Verräter mit ihm vom gleichen Teller speise. Auch Judas fragte ihn, und er antwortete: "Du hast es gesagt". Danach segnete er das Brot und verteilte es mit den Worten: "Nehmet, esset, dies ist mein Leib". In der gleichen Weise verfuhr er auch mit dem Weinkelch und sprach: Trinket alle daraus; dies ist mein Blut.

Auf dem Bild wird die Verwirrung dargestellt, die Jesus Ankündigung des bevorstehenden Verrats hervorrief (Abb. 24). Die

Abb. 24: Panagia Kera in Kritsa. Mittelschiff. Hauptkirchenraum. Gurtbogen. Das Heilige Abendmahl.

meisten Jünger haben sich vom Tisch erhoben und fragen Jesus, ob sie die Verräter sind, während sein Lieblingsschüler Ioannis (Johannes) sich ihm genähert hat und die gleiche Frage stellt. Die einzige Ausnahme bildet Judas, der weiterisst und unbekümmert die Hand nach den Speisen ausstreckt. Auf ausnahmslos allen byzantinischen Darstellungen dieser Szene des heiligen Abendmahls ist er der einzige Jünger, der im Profil gemalt wird. Der dramatische Charakter und die Bestürzung, die der Ikonenmaler bei dieser Darstellung hervorheben will, werden durch den Ausdruck der Gesichter und die Farbwahl erreicht.

Im Hintergrund der Darstellung sieht man drei langgezogene, turmähnliche Gebäude, die auf die Ecken und die Mitte verteilt sind. Ein roter Vorhang bestimmt die obere Grenze und überbrückt die drei Gebäude. Die Komposition wird horizontal aufgebaut mit Christus in größerem Maßstab auf der linken Seite der Darstellung am Kopfende des Tisches. Johannes ist neben ihm, Petrus ihm gegenüber, Judas in der Mitte, die eine Hand nach dem Fisch ausgestreckt. Die anderen Jünger befinden sich zwischen und hinter ihnen. Dem Ikonenmaler gelingt es, durch Übertreibung statt der uns bisher bekannten angedeuteten Perspektive, trotz der zweidimensionalen Gestaltung, die Hauptpersonen und die herrschende angespannte Atmosphäre wiederzugeben. Auf dem weißen Tischtuch, ähnlich dem, das bei Herodes Gastmahl zu sehen ist, steht ähnliches Geschirr und weißer Rettich.

DER VERRAT

Nach dem Abendmahl begaben sich Jesus und die Jünger zum Garten Getsemane beim Ölberg, wo er sich eine Zeit lang zurückzog, um alleine zu beten. Während seines Gebets erdrückte ihn dreimal das Gewicht der ihm bevorstehenden Qualen, und er bat seinen Vater, ihm den bitteren Kelch der Kreuzigung zu ersparen. Als er zu seinen Jünger zurückkehrte, die inzwischen eingeschlafen waren, erschien Judas mit den Soldaten, die von den Oberpriestern und Pharisäern geschickt worden waren, um ihn festzunehmen. Wie vereinbart, grüßte Judas Jesus und küsste ihn, und die Soldaten nahmen ihn gefangen. Petrus, empört über die Festnahme Jesus, zog sein Messer und schnitt Malchus, einem Diener des Oberpriesters, der den Soldaten gefolgt war, das Ohr ab. Jesus jedoch heilte Malchus Ohr und wies Petrus mit den Worten, wer das Schwert nimmt, wird durchs Schwert umkommen, zurecht.

Die Episode mit Petrus und Malchus ist die einzige vollständig erhaltene Szene der Darstellung (Abb. 25). Daneben sieht man die kopflosen Gestalten Jesus, der missbilligend mit der rechten Hand auf Petrus deutet und Judas, der sich Jesus gegenüber befindet. Außerdem sind hinter Petrus Soldaten zu sehen, die schuppenartige Rüstungen tragen. Der kniend dargestellte Petrus hält Malchus mit der linken Hand nieder, und in der rechten hält er das Messer. Die Einmischung Jesus veranlasst ihn, den Kopf zu seinem Lehrer hin zu drehen, mit einem Ausdruck von Unverständnis und Ratlosigkeit, der durch die aufgerissenen Augen und den betonenden braunen Schatten sowie durch das in die Länge gezogene Gesicht erreicht wird. Die Kleidung Christus und Judas ist in dunklen Farben gehalten, die leider abgeblättert ist. Man kann indessen das rotbraune Gewand Judas erkennen. Petrus trägt ein granatapfelfarbenes Gewand und einen dunkelgrünen Umhang. Malchus ist mit einem rotbraunen "Kamisio" bekleidet, bei dem es sich vermutlich um das kurze Hemd handelt, das die Knechte bei der Arbeit trugen, damit sie sich besser bewegen konnten. Das Größenverhältnis, in dem Petrus und Malchos dargestellt werden, verhält sich fast 3:1.

DIE KREUZIGUNG

Überreste der Darstellung befinden sich über dem Haupteingang, der nach der Fertigstellung der Kirche und des Gemäldes, und vermutlich auch nach dem Anbau des Nordschiffs verbreitert wurde (Abb. 26a, b). Die ausgedehnte Zerstörung, und zwar genau um den Türrahmen herum, muss wohl auf diesen Eingriff zurückzuführen sein. Der mittlere Teil, auf dem Christus, Maria und Johannes abgebildet waren, ist zerstört. Rechts am Rand ist der linke Schächer Gestas (laut den verbotenen Evangelien hieß er Dumachus) zu erkennen. Links

ABB. 25: Panagia Kera in Kritsa. Mittelschiff. Hauptkirchenraum. Gurtbogen. Der Verrat (Detailansicht).

vom Betrachter, im südlichen Bereich des Tympanons, ist der rechte Schächer Dismas oder Demas, der in den verbotenen Evangelien Dymas genannt wird, mit Heiligenschein abgebildet. Rechts vom Betrachter ist die Gestalt des Zenturios Longinus zu erkennen, die viel größer dargestellt ist als der Letztgenannte, und drei römische Soldaten im Profil. Durch die größere Ausarbeitung der Gestalt wird die Wichtigkeit Longinus besonders hervorgehoben, der die Göttlichkeit Jesus erkannte.

HÖLLENSTRAFEN

In der Zone zwischen der Kreuzigungsszene und dem Türsturz des Haupteingangs der Kirche werden die Sünder abgebildet, links vom Betrachter die Männer und rechts die Frauen (Abb. 26a, b). Alle sind in voller Gestalt und nackt dargestellt mit individuellen Gesichtszügen, auf dem Rücken gefesselten Armen vor einem roten Hintergrund, der das Höllenfeuer symbolisiert. Die Vergehen der Sünder werden nicht nur auf den Tafeln angeprangert, die zu den Gestalten gehören, sondern auch durch die Abbildung eines

Abb. 26: Panagia Kera in Kritsa. Mittelschiff. Westwand. Tympanon. Die Kreuzigung. a. Der rechte Schächer. b. Der Hauptmann, Soldaten und der linke Schächer.

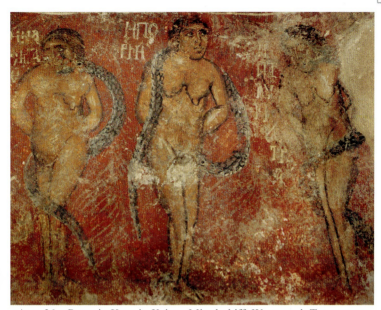

ABB. 26a: Panagia Kera in Kritsa. Mittelschiff. Westwand. Tympanon.
Die Strafen für sündhafte Frauen.

Beweisstückes oder des Werkzeugs, das sie beim Begehen der Sünde verwendeten. Der Viehdieb z.B. hat ein Schaf auf seinen Schultern.

ABB. 26b: Panagia Kera in Kritsa. Mittelschiff. Westwand. Tympanon.
Die Strafen für sündhafte Männer.

Der Landräuber, also derjenige, der seinem Nachbarn beim Pflügen des Feldes ein Stück Acker gestohlen hat, ist mit einer Pflugschar abgebildet, die Prostituierte mit einer Schlange, die ihre Scham bedroht usw. Auf diese Weise werden wir über die Natur der Verbrechen und Moralvergehen informiert, mit denen die kleine Siedlungsgemeinschaft zu kämpfen hatte.

DIE DARSTELLUNGEN AUF DEN SEITENWÄNDEN IM HAUPTKIRCHENRAUM

An der Westfassade des südöstlichen Pfeilers befindet sich die Gebetsdarstellung mit Christus und der Muttergottes ohne Johannes Prodromos, der dritten Figur, die normalerweise zu diesem Thema gehört, das aus diesem Grund auch Trimorphie genannt wird (Abb. 27). Christus wird en face dargestellt, auf einem niedrigen Sockel, das rechte Bein vorgeschoben und geknickt. In der linken Hand hält er ein mit Edelsteinen geschmücktes Evangelium, und mit der rechten Hand erteilt er den Segen. Maria ist rechts von ihm abgebildet mit einer Körperdrehung zur Mitte des Bildes hin, ihr Gesicht ist zum Betrachter hin gedreht. In der unteren Zone zwischen Christus und Maria sieht man Überreste einer Widmung (die Bitte eines Dieners des Herrn). Der bei diesem Gemälde verwendete Kunststil unterscheidet sich von dem der anderen Darstellungen im Mittelschiff. Die Ikone wurde nach dem Anbau der beiden Seitenschiffe und der Schaffung der Verbindungsbogen zwischen den Schiffen gemalt, und sogar noch nach deren Verbreiterung, denn ihre Größe und Bedeutung fordern einen gewissen Abstand vom Betrachter. Der gekreuzte Heiligenschein unterscheidet sich völlig von den vergleichbaren christologischen Darstellungen, und die Wiedergabe des Gesichts sowie die Faltengebung mit dem metallischen Glanz stehen in keinem Zusammenhang mit den en face Darstellungen der Heiligen in diesem Schiff. Der Ikonenmaler muss aber wohl die Farbvorgaben der bereits existierenden Darstellungen im Mittelschiff respektiert haben.

Auf der Innenseite des Westbogens der Kuppel sind Agios Merkurios und Agios Niketas dargestellt, auf den Pfeilern im Norden Agios Sergius, ein römischer Primekerios aus der Schule der Gentelier und im Süden sein Amtsbruder und enger Freund Agios Bacchus (Abb. 28). An der Westfassade des Nordwestpfeilers ist Agios Franziskus, ein Heiliger der Westkirche, abgebildet und am entsprechenden Südwestpfeiler der Apostel Petrus. Die Darstellung im nördlichen Tympanon des Nordbogens ist zerstört.

An den langen Seitenwänden der Kirche sind folgende Darstellungen zu sehen: An der Südwand Agia Anna mit Maria als Säugling und Agios Andreas (Abb. 29), an der Nordwand der berittene Agios Georgios (Abb. 30), an der Westwand rechts neben dem Eingang der Schutzengel der Kirche und links die Kreuzerhöhung mit Konstantin dem Großen und seiner Mutter Helena.

Interessant ist die Darstellung der Heiligen Anna mit der kleinen Maria, die nach dem Muster Panagia Hodegetria (Wegweiserin) wiedergegeben wird und an der Südwand zu finden ist. Agia Anna

ABB. 27: Panagia Kera in Kritsa. Mittelschiff. Westfassade des Südostpfeilers. Christus und die Muttergottes.

ABB. 28: Panagia Kera in Kritsa. Mittelschiff. Südliche Innenseite des Westbogens der Kuppel. Agios Bacchus.

ABB. 29: Panagia Kera in Kritsa. Mittelschiff. Südwand. Agia Anna und Maria, Agios Andreas.

hält Maria, die in der gleichen Art gekleidet ist wie als Erwachsene, im rechten Arm. Die reliefierten Heiligenscheine sind auf westliche Einflüsse zurückzuführen.

Noch interessanter ist die Darstellung des Agios Franziskus, der groß, schlank und mit Tonsur abgebildet ist. Er hält ein edelsteingeschmücktes Evangelium in der linken Hand und betet mit der Rechten (Abb. 31). Seine linke Körperhälfte wird unbekleidet dargestellt, damit man die Wundmale sehen kann. Der charakteristische Haarschnitt der Franziskanermönche wird durch die Betonung der Schläfen unterhalb des Haarkranzes unterstrichen. Er

Abb. 30: Panagia Kera in Kritsa. Mittelschiff. Hauptkirchenraum. Nordwand. Agios Georgios.

ist mit der dunkelbraunen Kutte des Franziskanerordens bekleidet, die in der Mitte durch eine Schnur zusammengehalten wird und trägt an den Füßen Sandalen mit zwei waagerechten Schnürbändern die genau jenen gleichen, die Agios Andreas auf dem Bild an der Südwand trägt.

Die Aufnahme der Darstellung des Heiligen Franziskus –dem Vorbild zu Kazantzakis "Mein Franz von Assisi"– in den ikonographischen Katalog der orthodoxen kretischen Kirchen, zeigt, obwohl es sich um ein seltenes Phänomen handelt, zusammen mit den westlichen Soldatenrüstungen und den venezianischen Gläsern auf den Festtafeln, den venezianischen Einfluss, dem Kreta Ende des 13. Jh. unterlegen war. Die Wahl des Heiligen Franz könnte auch als "Ohrfeige" für die unbarmherzigen venezianischen Grundbesitzer interpretiert werden, die das kretische Volk unterdrückten, und die glänzenden Rüstungen und das prächtige, feine Geschirr könnte auf ihren Hang zum Prunk verweisen, dem früher auch die byzantinische Gesellschaft auf Kreta unterlegen war.

ABB. 31: Panagia Kera in Kritsa. Mittelschiff. Westfassade des Nordwestpfeilers. Agios Franziskus. Rechts Detailansicht der Schläfenbetonung und der Seite mit den Wundmalen.

KUNSTSTIL UND DATIERUNG DER ZWEITEN GEMÄLDESCHICHT DES MITTELSCHIFFS

Der Ikonenmaler, der die zweite Gemäldeschicht im Mittelschiff geschaffen hat, befindet sich zwischen der alten und der neuen Technik, er zögert, wie man es von einem guten Künstler in einer Übergangsphase erwarten darf. Er richtet seine Aufmerksamkeit auf die Gesichter und ihren Ausdruck, womit er seine künstlerischen Fähigkeiten ausschöpft. Sogar bei den Darstellungen in der Kuppel, die sich weit weg vom Betrachter befinden (man darf nicht vergessen, dass man sich eine Wandmalerei aus einer gewissen Entfernung betrachten muss), sind die Gesichter exakter ausgearbeitet als die Falten der Gewänder, die er oft starr und unbeweglich wiedergibt und nicht auf das Volumen und die Körperbewegung achtet, so dass seine Darstellungen oft an Xylographien erinnern. Im Gegensatz dazu stehen die Gesichter mit ihrer exakten Zeichnung und den schönen Zügen (Himmelfahrt, das Gastmahl des Herodes, das Paradies). Trotz gewisser Schwächen –den zurückhaltenden Mienen und der Vereinheitlichung der Haartracht– werden sie mit diskreten Kontrasten und Volumen wiedergegeben und strahlen Charakter und Melancholie aus. Dem Maler gelingt es durch die Ausarbeitung der Augenbrauen und des Mundes, der Handbewegungen und der Reaktionen, die Atmosphäre der Darstellungen zu vermitteln, wie z.B. die Bestürzung der Tischgenossen über die Enthauptung Johannes beim Gastmahl des Herodes und der Jünger bei der Himmelfahrt (Paulus tritt Matthäus auf den rechten Fuß) oder den sanften Gesichtsausdruck der Engel und Marias in der friedlichen Atmosphäre des Paradieses.

Seine ikonographischen Muster sind archaisch, was man zweifelsfrei aus den Kompositionen und ihrer Platzierung an für die damalige Zeit ungewöhnlichen Stellen schließen kann, zum Beispiel bei der Ausmalung der Kuppel, wobei allerdings noch einmal erwähnt werden muss, dass hier seine Möglichkeiten durch die existierende Konstruktion der überstehenden Kreuzrippenkuppel beschränkt waren. Die Wahl der sechsflügeligen Cherubinen anstelle des Pantokrators erinnern an den alten Glauben, wonach ihnen die erste Stelle unter den Himmelswesen neben dem himmlischen Vater zustand. Dieses Thema wurde im 11.Jh. aufgegeben und im 12. Jh. bei der Ausmalung der Kuppel wieder aufgegriffen. Christologische Szenen in der Kuppel, die die menschliche und die göttliche Natur Christus betonen (dies ist bei den vier Darstellungen in der Kuppel der Kirche in Kritsa der Fall), sind äußerst selten und man trifft sie nur bei sehr alten Sakralbauten aus dem 10. Jh. an.

Die Wiedergabe der Gesichter wird durch eine gemischte Technik bewerkstelligt: Durch Verwendung von Linien beim Herausarbeiten der Umrisse und Züge und durch Schattierung bei der Darstellung der Haut und ihres Volumens. Die bartlosen Gesichter junger Männer und die Gesichter von Frauen werden mit weniger Vertiefungen dargestellt als jene von reiferen oder bejahrten Personen. Der Glanz, den das helle Okra der Haut verleiht, wird noch durch die weißen Linien verstärkt, die die Gesichter auf dem Nasenrücken, den Augenbrauen, unter den Augen und über der Stirn aufhellen.

Die Linearität der Gesichtszeichnung ist bei den sekundären Personen der Darstellungen noch offensichtlicher, vor allem bei jenen, die im Profil dargestellt werden, wie zum Beispiel die Soldaten bei der Kreuzigung und dem Kindermord. Es fehlt ihnen indessen nicht an Mimik, die durch die Führung der runden die Gesichtszüge zeichnenden Linien in entgegengesetzte Richtungen erreicht wird. Die Frisuren sind vereinheitlicht und sorgfältig gearbeitet und lassen leichte manieristische Einflüsse erkennen (Matthäus bei der Himmelfahrt).

Die Orte, an denen sich die Darstellungen abspielen, sind völlig unklar. Der Betrachter hat den Eindruck, die Vorgänge würden sich auf einem freien Platz abspielen, da hinter den Personen Mauern und längliche Gebäude mit roten Ziegeldächern gemalt sind. Die Perspektive ist nur angedeutet und wird erreicht durch die dreieckige Anordnung der Gruppen (Palmenträger, die Auferstehung des Lazarus), die Darstellung der Personen auf verschiedenen Ebenen (Kindermord) und ihre Platzierung auf Gebäuden. Die Bedeutung der Personen wird durch den Maßstab, in dem sie abgebildet werden, definiert. Bei der Geburt z.B. ist Maria die Hauptperson. Joseph und Salome werden zwar im Vordergrund abgebildet, aber nur mit 1/4 der Größe Marias. Die Natur wird ebenfalls ideell wiedergegeben. Die Bäume und Pflanzen, ihre Form und ihre Früchte sind nicht von dieser Welt (Bildkatalog 1, 2).

BILDKATALOG 1: Panagia Kera in Kritsa. Mittelschiff.
Die verschiedenen Darstellungsformen der Gesichter,
entsprechend Bedeutung, Alter und Geschlecht.

BILDKATALOG 2: Panagia Kera in Kritsa. Mittelschiff.
Die Wiedergabe des architektonischen Hintergrunds,
der Natur und der Faltengebung der Kleidung.

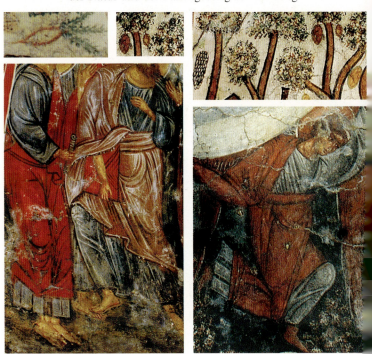

DAS AGIA ANNA GEWIDMETE SÜDSCHIFF
DER ALTARBOGEN

In der Viertelkugel des Bogens ist Agia Anna en face als Büste abgebildet und auf der Stirnseite des Bogens Christus-Emmanuel in einer Medaille (Abb. 32). Im Altarzylinder werden in voller Gestalt die Oberpriester Petrus von Alexandrien, Gregorios, Athanasios und Eleutherios abgebildet, die gemeinsam die Messe lesen. Ihre Köpfe sind als Zeichen der Demut leicht geneigt und mit einer Dreivierteldrehung zum Zentrum hin gedreht. Sie tragen bischöfliche Kleidung, langärmelige Priesterkutten mit edelsteingeschmückten Aufschlägen, mit Kreuzen verzierte Dalmatika, ebenfalls mit Edelsteinen verzierte Nackenstola und ein Knieornament. In den Händen halten sie offene Pergamentrollen, auf denen Auszüge aus der Heiligen Messe geschrieben sind (Abb. 33). Leider sind die Schäden an der Darstellung ziemlich ausgedehnt.

ABB. 32: Panagia Kera in Kritsa. Südschiff. Altarbogen.
Stirnseite des Bogens und Viertelkugel. Emmanuel und Agia Anna.

ABB. 33: Panagia Kera in Kritsa. Südschiff. Bogen. Altarzylinder. Priester, die gemeinsam die Messe abhalten.

HAUPTKIRCHENRAUM

Die Themen im Gurtbogen des Hauptkirchenraums stammen aus den apokryphen Evangelien und befassen sich mit Maria Empfängnis und Vorgängen nach der Niederkunft bis zur Reise nach Bethlehem und der Volkszählung.

Im Nordabschnitt des Gurtbogens sind folgende Darstellungen erhalten:

SZENE MIT JOACHIM (DIE VERKÜNDUNG AN JOACHIM)
Joachim, ein reicher und achtenswerter Mann, brachte Gott immer reiche Opfer dar. Bei einem großen religiösen Fest der Israeliten jedoch nahm der Oberpriester Ruben, der in anderen Quellen auch Issachar genannt wird, seine Gabe nicht an, weil ihn Gott für unwürdig hielt, dem Volk Israel Kinder zu schenken. Joachim nahm diese Beleidigung sehr schwer und verließ sein Haus. Er begab sich aufs Land zu seinen Hirten, lebte in einem Zelt ohne Nahrung und Wasser und betete zu Gott, er möge ihn doch von dem Fluch und der Schande der Kinderlosigkeit befreien. Nach vierzig Tagen kam ein Engel des Herrn vom Himmel und verkündete ihm, dass seine Frau Anna eine Tochter gebären würde, die er Maria nennen müsse. Seine Frau und er hatten einen Schwur abgelegt, dass, falls sie ein Kind bekommen sollten, sie es dem Tempel weihen würden.

Auf der Darstellung, bei der die Verkündung Joachims wiedergegeben wird, sitzt die Hauptperson (Joachim) nachdenklich und traurig im rechten Bildteil, während einer der beiden jungen Hirten, der den Engel bemerkt hat, auf Joachim zeigt und dem anderen Hirten, der mit ungläubigem Gesichtsausdruck abgebildet wird, erklärt, dass der Engel wegen ihres Herrn gekommen ist (Abb. 34).

Die beiden Hirten tragen westliche Kleidung, florentinische Hüte und eng anliegende schwarze Strümpfe, die in der Mitte von einer Schnur gehalten werden. Ihre einteiligen Gewänder sind kurz mit langen Ärmeln und Manschetten. Beim ersten Hirten werden sie in der Taille von einer Schnur gerafft und beim zweiten von einem Gürtel. Bei beiden ist die Taillierung tief angesetzt, wie es der Mode der damaligen Zeit entsprach.

Im Gegensatz zu ihnen trägt Joachim, dessen Gestalt in größerem Maßstab abgebildet ist, die entsprechende Kleidung des Altertums,

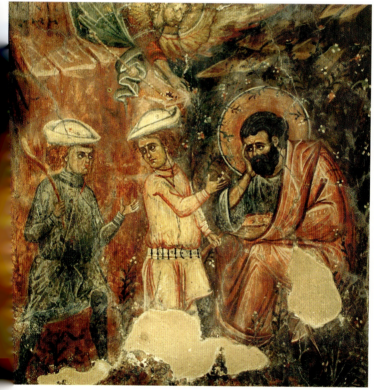

ABB. 34: Panagia Kera in Kritsa: Südschiff. Gurtbogen. Nordseite. Szene mit Joachim.

d.h. Gewand und Umhang. Die Hauptachse der Darstellung ist diagonal und setzt sich aus dem rötlichen Berg, dem gleichfarbigen Gewand Joachims und dem Engel zusammen. Das grünfarbige Dreieck, das durch das Gewand des Engels, das "Kamisio" des einen Hirten und das Gewand Joachims gebildet wird, bringt auf diskrete Weise die Helligkeit des Bildes und den dunklen Berg im Hintergrund in eine Harmonie. Das weißliche Gewand des zweiten Hirten verleiht der Darstellung Helligkeit und mindert die Melancholie, die Joachims Gestalt ausstrahlt.

Das Gebet der Agia Anna

Während der Zeit, in der sich Joachim auf dem Land aufhielt, kapselte sich Agia Anna, verzweifelt über das Verschwinden ihres

Abb. 35: Panagia Kera in Kritsa. Südschiff. Gurtbogen. Südseite. Das Gebet der Heiligen Anna.

Mannes und unglücklich wegen ihrer Kinderlosigkeit, in ihrem Haus ab und weigerte sich, selbst bei den großen religiösen Festen, das Haus zu verlassen, obwohl ihre treue Dienerin Judith immer wieder versuchte, sie umzustimmen. Sie ging stattdessen im Garten ihres Hauses spazieren und betete unter einem Lorbeerbaum zu Gott und bat ihn, ihre Gebärmutter zu segnen, wie er es bei Sarah getan hatte. Als sie im Geäst des Baumes ein Nest voller Spatzen sah, begann sie lautlos ihre Kinderlosigkeit zu beweinen, verglich sich mit den Tieren zu Wasser und zu Land und verachtete sich selbst. Da stieg ein Engel des Herrn vom Himmel und verkündete ihr, dass sie gebären würde und, dass alle Welt von ihren Nachkommen reden werde.

Anna wird auf dem Bild in einem eingezäunten Garten mit Bäumen, Vögeln und einem Springbrunnen abgebildet, was einen paradiesischen Ort charakterisieren soll. Ihre Hände sind zum Gebet gegen den Engel erhoben. Hinter ihr sind zwei Dienerinnen abgebildet, von denen die erste Judith sein dürfte, die verzückt ihr Gespräch mit dem Engel verfolgen (Abb. 35).

Begrübung von Joachim und Anna

Joachim und Anna gingen auf Anweisung des Engels zur goldenen Pforte, wo sie sich nach vierzigtägiger Abwesenheit Joachims trafen.

Auf der Darstellung wird das Zusammentreffen der beiden Ehegatten an der goldenen Pforte, nachdem ihnen der Engel erschienen und Joachim heimgekehrt war, wiedergegeben (Abb. 51). Neben dem Ehepaar stehen diskret zwei Frauen aus der Dienerschaft des Hauses, die in kleinerem Maßstab stehend dargestellt sind, mit einer kleinen Körperdrehung zur Mitte des Bildes hin. Selbst wenn die Gesichter von Anna und Joachim friedlich dargestellt werden, so gelingt es dem Maler doch, die tagelangen seelischen und körperlichen Strapazen wiederzuspiegeln. Das dreieckige Gesicht Annas, die fast viereckige Gesichtsform Joachims und der gebogene Nasenabschluss bei beiden, geben ihnen ein völlig anderes Aussehen als bei den übrigen Darstellungen ihrer Person, die wir in diesem Schiff antreffen.

Die stürmische Freude des Zusammentreffens wird einerseits durch den dreieckigen Faltenschlag von Joachims Gewands wiedergegeben, das den freien Raum zwischen ihm und seiner Frau ausfüllt, und andererseits durch die senkrechte Anordnung der Falten von Annas Kopftuch.

DAS HAUS JOACHIMS

Nach ihrem Zusammentreffen an der goldenen Pforte kehren Joachim und Anna in ihr Haus zurück, speisen und danken dem Herrn für die Empfängnis Annas. Auf dem Bild werden Joachim und Anna nach der Verkündung der Empfängnis in einem nach einer Seite hin offenen Raum des Hauses auf einer Bank sitzend dargestellt. Zwischen ihnen steht ein Weinkrug, auf dessen Öffnung ein umgedrehtes Glas gestülpt ist. Sie werden von einer jungen Frau bedient. Agia Anna hat den Blick zum Himmel gewendet und dankt Gott für ihre Schwangerschaft.

Die beiden Hauptpersonen strahlen Ruhe aus. Die starken Gefühlsregungen der Begrüßung haben der Seelenruhe Platz gemacht (Abb. 36). Anna dankt Gott mit ausgestreckten Händen, das gleiche macht Joachim mit seiner Rechten, während seine Linke auf seinem rechten Knie liegt. Hinter Anna steht die Dienerin, die in voller Gestalt aufrecht dargestellt wird und die Hände zum Gebet gefaltet hat. Die Gesichter Annas und Joachims werden fleischig rund mit klassischer Schönheit dargestellt. Das unermessliche Glück auf dem Gesicht Annas wird herzförmig wiedergegeben und spiegelt

ABB. 36: Panagia Kera in Kritsa. Südschiff. Gurtbogen. Südseite. Das Haus Joachims.

die Freude wider, die ihr Herz nach der Verkündung der bevorstehenden Empfängnis überflutet hat.

DIE GEBURT MARIAS

Neun Monate nachdem der Engel Joachim und Anna erschienen war, gebar Anna eine Tochter, die sie, wie ihnen der Engel aufgetragen hatte, Maria nannten.

Agia Anna ist im linken Teil der Darstellung (vom Betrachter aus) direkt nach ihrer Entbindung sitzend im Bett abgebildet (Abb. 37). Ihr Gesicht ist leider zerstört, es wird bei diesem Thema jedoch meistens mit einem friedlichen Ausdruck wiedergegeben, was auf eine schmerzlose Entbindung hindeutet. Ihre Gestalt, die in großem Maßstab dargestellt wird, ist die senkrechte Achse des Gemäldes, während ein länglicher Tisch mit einer weißen gestickten Tischdecke, auf dem Obst, Gemüse und Geschirr zu sehen ist, die waagerechte Achse bildet und das Werk in zwei ungefähr gleichgroße Abschnitte unterteilt. Hinter dem Tisch sind drei junge Frauen mit teuren Kleidern und perlenverzierten Frisuren abgebildet, die sich zusammen mit einer vierten, die hinter Agia Anna steht, um die Wöchnerin kümmern. Vor dem Tisch steht die Wiege mit dem gewickelten Neugeborenen und daneben wacht eine weitere junge Frau, die auf dem Boden sitzt und spinnt, über den Säugling. Links und rechts im Hintergrund sieht man Gebäude und zwischen den Mauern mit Scharten sieht man rotes Tuch, das die Dächer verbindet. Links, zwischen den beiden Gebäuden, erkennt man eine Pflanze, vermutlich Lorbeer oder Papyrus. Die vorherrschende

ABB. 37: Panagia Kera in Kritsa. Südschiff. Gurtbogen. Südseite. Die Geburt Marias (Detailansicht).

Farbe dieser Darstellung vor ihrer Zerstörung war wohl Rot, wenn wir von dem roten Gewand Annas, der roten Wiege Marias, dem roten Tuch, das die Dächer überbrückt und der roten Kleidung der Frau hinter dem Tisch, die sich zu Agia Anna hinwendet, ausgehen. Die grünen Kleider der beiden stehenden Frauen, das weiße, mit Farbenglanz versehene Gewand der auf dem Boden sitzenden Frau und die weißlichen Seitenwände der Gebäude verleihen dem Bild mit dem braunen Hintergrund Helligkeit.

SEGNUNG DER JUNGFRAU MARIA DURCH DIE PRIESTER

Als die Muttergottes ein Jahr alt wurde, veranstaltete Joachim in seinem Haus eine große Feier, zu der er die Hohenpriester, die Schreiber, die Presbyter und viele Mitbürger einlud. Im Verlauf des Festes brachte Anna die kleine Maria zu den Oberpriestern, die sie segneten und ihr wünschten, Gott solle ihr für ewig seine Gunst zeigen, und ihr Name solle unsterblich werden. Gleich danach zog sich Agia Anna zurück, um ihre Tochter zu stillen, wobei sie einen neuen, von ihr erdachten Psalm sang, in dem sie Gott dafür dankte, dass er sie von dem Fluch der Kinderlosigkeit befreit hatte.

Auf dem Gemälde werden drei Hohenpriester sitzend hinter einem Tisch mit Speisen und verschiedenem Geschirr abgebildet. Rechts auf dem Bild vom Betrachter aus gesehen wird die Muttergottes abgebildet, die von ihrer Mutter zu den Oberpriestern gebracht wird, von denen sich zwei ihr zugewandt haben, während der dritte, der en face abgebildet wird, im Gebet versunken ist (Abb. 38). Die Kleidung der Priester ist ebenso wie die konische Kopfbedeckung der jüdischen Geistlichen mit Perlen verziert. Die vorherrschenden Farben bei Maria und Agia Anna sind rot bei den Obergewändern und ein helles graublau bei den Untergewändern. Die Kleidung der Priester ist nicht einheitlich. Der Mittlere trägt ein rotes gesticktes Hemd, ein gleichfarbiges, ebenfalls gesticktes Gewand und einen Umhang, während die anderen beiden ein rötliches Gewand und jeweils einen gelben und einen grünen Umhang tragen.

LIEBKOSUNG MARIAS

Maria lebte bis zu ihrem dritten Lebensjahr im Haus ihrer Eltern. In dieser Zeit machte sie nur sieben Schritte, und zwar als sie Agia Anna eines Tages auf den Boden stellte, um zu sehen, ob sie in de

ABB. 38: Panagia Kera in Kritsa. Südschiff. Gurtbogen. Nordseite.
Segnung der Jungfrau Maria durch die Priester.

Lage sei, aufrecht zu stehen. Dieses Ereignis wird auf der Darstellung mit dem Titel "die sieben Schritte der Muttergottes" wiedergegeben. Gleich nach diesem Vorfall nahm Anna Maria in ihre Arme und sagte, sie werde bis sie zum Tempel des Herrn gebracht würde, nie mehr auf dem Boden laufen.

Die Darstellung der Liebkosung, bei der sich Maria in den Armen Joachims befindet, verweist auf diesen Beschluss der Heiligen Anna, der im Protevangelium des Jakobus festgehalten ist. Dabei wird gleichzeitig gezeigt, wie viel Liebe und Zärtlichkeit Joachim und Anna ihrer Tochter in den drei Jahren ihres Zusammenlebens entgegenbrachten, bevor sie dem Tempel geweiht wurde (Abb. 39).

Von dem Gemälde ist von der Mitte nach unten ein großer Teil zerstört. Die kleine Maria wird mit einem kurzen weißen Kleid, das mit Blumen bestickt ist, im Arm ihres Vaters abgebildet. Neben ihr befindet sich Agia Anna, vermutlich sitzend, und es sieht so aus, als

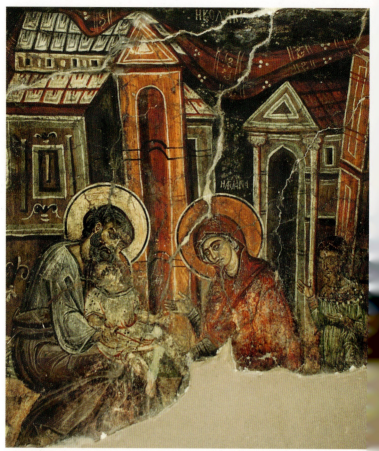

ABB. 39: Panagia Kera in Kritsa. Südschiff. Gurtbogen. Südseite. Liebkosung Marias.

ob sie mit ihrer linken Hand den rechten Fuß Marias hält, während sie mit ihrer Rechten gestikuliert. Diese Darstellung der Heiligen Anna erinnert an den Auszug aus dem Protevangelium, das oben erwähnt wurde. Auf dem Gemälde wird neben den Hauptfiguren noch ein junges Mädchen auf zweiter Ebene abgebildet, vermutlich eine Dienerin des Hauses oder eine der hebräischen Jungfrauen, die Anna ins Haus geladen hatte, um auf Maria aufzupassen. Joachim trägt ein graublaues Gewand und einen granatapfelbraunen Umhang. Anna trägt wie auf den vorangegangenen Abbildungen ein rotes Kopftuch und ein graublaues Gewand. Das junge Mädchen ist mit einem grünen Hemd (Kamisio) bekleidet. Die Szene spielt sich vor schmalstirnigen Gebäuden mit zweifach geneigten Ziegeldächern ab, die durch rotes Tuch überbrückt werden.

Maria im Tempel (Maria Opferung)

Als Maria drei Jahre alt wurde, beschlossen Joachim und Anna, das Versprechen, das sie Gott gegeben hatten, einzulösen und das Kind zum Tempel zu bringen. Weil Maria sehr klein war und sie befürchteten, das Kind wolle vielleicht wieder mit ihnen nach Hause zurückgehen, überlegte sich Joachim, ihrem Tempelgang einen offiziellen Charakter zu verleihen, damit sie sich der Heiligkeit ihrer Widmung bewusst wurde. Er bat also Jungfrauen aus hebräischen Familien, von denen jede eine Öllampe trug, seine Tochter zum Tempel zu begleiten. So wurde Maria von einem Jungfrauenzug zum Tempel geleitet, wo sie von dem Oberpriester Zacharias erwartet wurde. Die Darstellung zeigt den Tempelgang Marias und Annas in Begleitung von sieben Jungfrauen sowie ihren Empfang durch Zacharias. Die Gestalt Marias wie die gesamte untere Zone des Bildes sind zerstört. Die rote Farbe, die bei dem Gemälde vorherrscht, unterstreicht den dramatischen Charakter, d..h. die Trennung eines dreijährigen Kindes von seinen Eltern und insbesondere von seiner Mutter, die zu ihrem Schwur steht und es dem Priester übergibt. Der Maler verwendet die rote Farbe nicht nur beim Kopftuch Marias und beim Priestergewand Zacharias, sondern auch bei der Kleidung einer der Jungfrauen, die, wie man den unterschiedlichen Kopfbewegungen und ihren Mimiken entnehmen kann, den Vorgang mit verhaltener Erregung verfolgen. Man kann die Trauer über die Trennung von ihrer Tochter, obwohl sie verhalten ist, deutlich auf dem Gesicht Annas erkennen, und zwar durch ihre leicht nach unten gezogenen Lippen.

Josephs Trauer Wegen der Schwangerschaft

Maria lebte im Tempel, wo sie von einem Engel gespeist wurde. Als sie zwölf Jahre alt wurde, und die Priester befürchteten, der Tempel könne eventuell durch heimliche fleischliche Gelüste ihrerseits entheiligt werden, trugen sie dem Oberpriester Zacharias auf, zu beten und Gott zu bitten, er solle ihnen eine Erleuchtung schicken was nun zu tun sei. So geschah es, und ein Engel des Herrn trug ihm auf, er solle alle Witwer Israels zusammenrufen und jeder von ihnen solle seinen Stab mitbringen. Gott würde den zukünftigen Verlobten Marias durch ein Zeichen herausdeuten.

Unter den Witwern, die sich versammelten, war auch jemand aus dem Geschlecht Davids mit Namen Joseph. Zacharias nahm ihre Stäbe, betete und gab sie ihnen wieder zurück. Joseph erhielt seinen Stab als letzter und sofort erschien eine Taube, die über seinen Kopf flog. Der Oberpriester verstand das Zeichen und verkündete Joseph den Willen Gottes. Der weigerte sich jedoch mit der Begründung, er sei zu alt und Maria zu jung. Aber seine Einwände verloschen vor der Furcht der Strafe Gottes. Joseph erklärte sich also einverstanden, sich mit der zwölfjährigen Maria zu verloben und nahm sie mit nach Hause, wo sie mit vierzehn Jahren die Verkündung erhielt.

Als Joseph, der eine Zeit lang in anderen Städten gearbeitet hatte, nach Nazareth zurückkehrte, fand er Maria im sechsten Monat schwanger vor, was ihn in tiefe Trauer stürzte. Obwohl sie ihre Unschuld beteuerte, machte er ihr die schlimmsten Vorwürfe und hatte vor, sie heimlich aus seinem Haus zu verjagen, ohne den Priestern ihr Vergehen mitzuteilen, das nach dem hebräischen Gesetz mit Steinigung bestraft wurde. In der gleichen Nacht erschien ihm ein Engel des Herrn und teilte ihm mit, dass Marias Schwangerschaft dem Heiligen Geist zuzuschreiben sei, und sie den Sohn Gottes gebären würde.

Die Darstellung zeigt einerseits die Trauer Josephs über die, wie er glaubte, "sündhafte" Schwangerschaft Marias, und seinen inneren Konflikt darüber, wie er dem Problem begegnen sollte, und andererseits die Hilflosigkeit und Verzweiflung der Jungfrau wegen der ungerechtfertigten Beschuldigungen und die Enthüllung der Wahrheit, d.h. die Offenbarung ihrer göttlichen Bestimmung durch den Engel (Abb. 40). Joseph trägt ein dunkelrotes Gewand mit schwarzen und roten Schatten und einen orangefarbenen Umhang mit kastanienbraunen Schatten. Er wird fast sitzend, nachdenklich und unter psychologischem Druck stehend abgebildet. Er hält seinen Kopf in den Händen, seine Augen sind geöffnet und sein Blick ist unsicher. Man meint, die Falten, die sein Gewand am Saum schlägt, werden durch die ihn beherrschende Unruhe verursacht

ABB. 40: Panagia Kera in Kritsa. Südschiff. Gurtbogen. Nordseite. Josephs Trauer wegen der Schwangerschaft.

Maria sitzt, mit einem hellblauen Gewand und rotem Umhang bekleidet, auf einem orangefarbenen Thron und ist vertieft in ihre Trauer und Verzweiflung. Der Maler zeichnet die Gesichter mit nach unten verzerrten Zügen. Ihre Augenbrauen bilden über der Nase einen Winkel, die Nase wird schmäler und länger und die Lippen sind zusammengepresst. Der Engel, dessen weißes von roten Schatten durchsetztes Gewand und sein friedlicher Gesichtsausdruck, im Gegensatz zu seinem stürmischen Erscheinen stehen, macht durch seine frohe Verkündung, den Qualen Josephs ein Ende. Im Hintergrund sieht man Gebäude –graue hinter Joseph und violettfarbene hinter Maria– mit dreibogigen Fenstern, zweifach geneigten Ziegeldächern und fächerförmigen Reliefverzierungen.

ABB. 41: Panagia Kera in Kritsa. Südschiff. Gurtbogen. Nordseite. Die Wasserprobe.

Die Wasserbrobe

Nach den beschriebenen Vorfällen besuchte Annas, der Schriftführer, Joseph zu Hause und fragte ihn, warum er nach seiner Heimkehr nach Nazareth nicht im Tempel erschienen sei. Joseph entschuldigte sich damit, dass er müde von der Reise gewesen war. Annas jedoch, der den fortgeschrittenen Zustand Marias bemerkte, ging zum Oberpriester und erzählte ihm, Joseph würde Maria verderben. Nachdem sich der Oberpriester von Marias Schwangerschaft überzeugt hatte, ließ er sie und Joseph rufen, damit über sie gerichtet würde. Beide wiesen die Beschuldigungen von sich, und so beschloss der Oberpriester, sie vom Wasser des Herrn trinken zu lassen, wodurch sie ihre Unschuld beweisen konnten. Das Trinken des Wassers zusammen mit dem Fluch des Priesters offenbarte, ob die der Beschmutzung verdächtigten Körperteile befallen waren oder nicht. Die Probe enthüllte ihre Unschuld, denn keiner der Beiden zeigte irgendeine Reaktion, und so ließ sie der Oberpriester wieder nach Hause gehen.

Auf dem Gemälde wird die Szene gezeigt, bei der Maria die Wasserprobe ablegt. Die beherrschende Figur des Bildes ist der Priester, der auf einem hohen, gestuften Marmorthron sitzt, bekleidet mit einem grünen Gewand, einem roten, perlenbesetzten Umhang und der charakteristischen dreieckigen Kappe der hebräischen Geistlichen (Abb. 41). Der Priester beugt sich nach vorn zu Maria hin und hält den geneigten Krug, den Maria mit beiden Händen am Hals fasst und das Wasser der Offenbarung trinkt. Maria, mit hellblauem Gewand und rotbraunem Kopftuch, wird in kleinem Maßstab dargestellt, was durch ihre Jugend interpretiert werden kann (gemäß den apokryphen Schriften war sie 14 Jahre alt). Hinter ihr steht Joseph und legt beschützend seine linke Hand auf ihre Schulter, während er mit der Rechten darum betet, dass ihre Unschuld bewiesen wird. Hinter ihm wird ein betender Diener oder einer seiner Söhne abgebildet, der dem Geschehen gebannt folgt. Im Hintergrund sieht man eine säulengestützte Lade mit rotem Vorhang.

DIE REISE NACH BETHLEHEM

Zu jener Zeit, als die Zeit der Niederkunft Marias näherrückte, befahl der römische Kaiser Augustus in seinem Kaiserreich, zum dem auch Israel gehörte, aus steuerlichen Gründen eine Volkszählung. Joseph und seine Familie, d.h. Maria und seine beiden Söhne, Simon und Jakob, mussten nach Bethlehem reisen, um sich erfassen zu lassen. Er sattelte also den Esel für Maria, und dann gingen sie alle zusammen nach Bethlehem, das drei Meilen entfernt war. Kurz bevor sie die Stadt erreichten, spürte Maria, dass die Stunde ihrer Niederkunft nahte und bat Joseph, ihr beim Absteigen zu helfen. Er weigerte sich, ihrem Wunsch nachzukommen, weil die Gegend einsam war und es nirgendwo einen geeigneten Platz zum Rasten gab. Maria ließ sich jedoch nicht beirren, und so blieb ihm nichts anderes übrig, als ihr beim Absteigen zu helfen und sie in eine nahegelegene Höhle zu führen, wo sie Jesus zur Welt brachte.

Auf der Darstellung wird die Diskussion zwischen Maria und Joseph wiedergegeben, wie man aus Josephs gerunzelter Stirn und seiner Gestik, der Geste Marias, dem zu Maria hingedrehten Kopf

ABB. 42: Panagia Kera in Kritsa. Südschiff. Gurtbogen. Nordseite.
Die Reise nach Bethlehem.

Jakobs und der fragenden Miene Simons, dessen Kopf ebenfalls zu Maria hingedreht ist, herauslesen kann (Abb. 42). Die schwangere Maria wird auf einem weißen Esel mit roten Zügeln abgebildet, die sie in der linken Hand hält. Sie ist die einzige Person auf dem Gemälde, die fast en face abgebildet wird. An den beiden Bildrändern jeuwils vor Maria und hinter Joseph, der ihr zu Fuß folgt, werden seine beiden Söhne, Jakob und Simon, mit einem Stab auf den Schultern abgebildet, ihre Gewänder haben sie hochgerafft, damit sie nicht staubig werden.

DIE VERSCHLOSSENE PFORTE
Das Thema des Gemäldes stützt sich auf die Prophezeiung Hesekiels im Zusammenhang mit Maria: Diese Pforte ist verschlossen. Sie wird nie geöffnet werden, und niemand wird sie jemals betreten. Diese Prophezeiung bezieht sich auf die unberührte Jungfräulichkeit Marias trotz der Empfängnis und der Geburt Jesus (Abb. 43). Die ikonographische Wiedergabe der Prophezeiung wird durch die

Abb. 43: Panagia Kera in Kritsa. Südschiff. Nordseite.
Die verschlossene Pforte.

Abbildung des Propheten Hesekiel erreicht. Er wird aufrecht in voller Gestalt dargestellt, mit einem grünen perlenverzierten Priestergewand und einem roten Umhang mit ähnlichem Schmuck. Sein Körper ist leicht nach rechts gedreht, d.h. in Richtung Marias, die in einem Kreis zusammen mit Christus abgebildet ist. Professor Kalokyris merkte an, dass diese Darstellung anstelle der Geburtsszene steht, die im ikonographischen Katalog dieses Schiffes fehlt.

DIE DARSTELLUNGEN AN DEN SEITENWÄNDEN UND DIE WESTWAND

In der oberen Zone der Seitenwände des Hauptkirchenraums sind in Reihe stehende Brustbilder von Heiligen erhalten. An der Nordwand sind nur drei erhalten: Agia Theophano, Agios Theodoulos und Agios Zotikos (Abb. 44). Offensichtlich waren in

Abb. 44-45: Panagia Kera in Kritsa. Südschiff. Nordwand.
Agios Theodoulos und Agios Johannes der Eremit.

Abb. 46-47: Panagia Kera in Kritsa. Südschiff. Nordwand.
Agios Alexios und Agios Maximilianos.

der Reihe der Brustbilder (Stetharia) auch die Agioi Deka abgebildet, die zerstört sind. Die restlichen acht Märtyrer waren: Agathopous, Euarestos, Euporos, Gelasios, Satourninos, Eunikianos, Basileides und Pompios. Die Brustbilder an der Nordwand zeigen Johannes den Einsiedler (Abb. 45), Alexios den Knecht Gottes (Abb. 46), Agios Gourias, Agios Samonas (die Darstellung Abibos, des dritten Märtyrers zusammen mit den beiden Letztgenannten ist zerstört). Es folgen die sieben Märtyrer aus Ephesos, Konstantios (Konstantinos), Iamblichos, Maximilianos (Abb. 47), Antoninos (Antonios), Exakoustodianos, Martinianos (Martinos) und Ioannis (Dionysios).

Der Ikonenmaler hat hier acht, anstatt sieben Märtyrer gemalt. Er hat den Siebten jeweils unter beiden in den Quellen erwähnten Namen dargestellt –Ioannis und Ioustinos– so als handle es sich um zwei verschiedene Personen. Die Märtyrer werden als Zeichen ihres geringen Alters bartlos dargestellt. In der rechten Hand halten sie ein Kreuz und mit der Linken beten sie. Gekleidet sind sie mit kurzen, am Hals oder an der Schulter zusammengehaltenen Umhängen und auf dem Kopf tragen sie einen Perlenkranz. In der zweiten und unteren bemalten Zone der Seitenwände sind Ganzkörperfiguren von Heiligen erhalten. An der Südwand sind die Gestalten von Agios Theodoros dem Heerführer und zwei Urvätern nur teilweise erhalten. Die

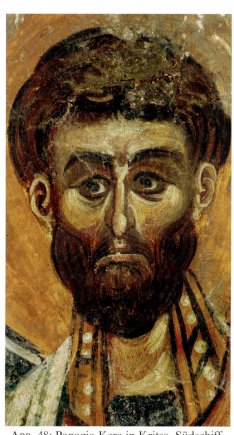

ABB. 48: Panagia Kera in Kritsa. Südschiff. Nordwand. Agios Leon.

ABB. 49: Panagia Kera in Kritsa. Südschiff. Nordwand.
Agia Eirene, Agia Kyriake, Agia Barbara.

anderen Bilder wurden bei der Öffnung des Nebeneingangs zerstört. An der Nordwand sind folgende Darstellungen erhalten: Die des Diakons Romanos mit weißem Ornat und Weihrauchbehälter, der den vier Oberpriestern bei der Abhaltung der Messe assistiert, die des Agios Leon (Abb. 49) mit hellblauem Gewand und rotem Umhang, die eines nicht identifizierten Heiligen und eines Oberpriesters –eine der schönsten Darstellungen dieses Schiffes– die eines Erzengels mit kaiserlicher Kleidung, der bei der Verbreiterung des südöstlichen Bogendurchgangs zur Hälfte zerstört wurde und die der Heiligen Barbara, der Heiligen Kyriake und der Heiligen Eirene (Abb. 49). An der Westwand ist in der oberen Zone, links und rechts des Fensters, die Szene abgebildet, bei der Osia Maria aus Ägypten von Agios Zosimos das Abendmahl empfängt. Unter dem Fenster ist eine Widmungsinschrift erhalten und rechts vom Betrachter die volle Gestalt eines nicht identifizierbaren, schwerttragenden Heiligen (Abb. 50).

ABB. 50: Panagia Kera in Kritsa. Südschiff. Westwand.
Der Empfang des Abendmahls der Osia Maria aus Ägypten
durch Agios Zosimos. Die Widmungsinschrift des Schiffes
und ein nicht identifizierbarer, schwerttragender Heiliger.

KUNSTSTIL UND DATIERUNG DER FRESKEN
IN DEM AGIA ANNA GEWIDMETEN SCHIFF

Die Fresken im Schiff der Heiligen Anna unterscheiden sich grundlegend von denen im Mittelschiff, mit denen sich aber trotzdem etwas gemein haben: Die unkonkrete Darstellung der geschlossenen Räume im Gegensatz zu den Plätzen im Freien, die konkret dargestellt werden, und den architektonischen Hintergrund der Darstellungen, der sich aus den farbigen Fassaden einzelner Gebäude mit Fächerverzierungen zusammensetzt, die durch rote wehende Vorhänge überbrückt werden. Die Unterschiede finden sich in der Maltechnik, d.h. in der Wiedergabe der menschlichen Gestalten, was man als Folge der dramatischen historischen und gesellschaftlichen Veränderungen werten kann, denen das byzantinische Kaiserreich zu Beginn des 13. Jh. unterlag, als Konstantinopel in die Hände der Kreuzritter fiel (1204). Die Zerstückelung des Kaiserreichs in verschiedene kleine Staaten, was das Fehlen einer mächtigen Führung zur Folge hatte, spiegelte sich in der byzantinischen Malerei wider, die sich dem Menschen und seinen Gefühlen zuwandte, was der Freiheit des künstlerischen Ausdrucks zu Gute kam. Dadurch änderte sich grundlegend die Anschauung hinsichtlich der Darstellung des menschlichen Körpers und der Wiedergabe von Gemütsregungen auf den Gesichtszügen.

Die Ganzkörperfiguren werden locker dargestellt, sie haben in der Regel den rechten Fuß eingeknickt und nach vorne gestreckt, wodurch die hauptsächlich den Frauen anhaftende "Hab-Acht-Stellung" aufgegeben wird, die bis dahin keine Geschlechtsrundungen aufwiesen. Die Kleider erhielten jetzt einen "rhythmischen" Faltenschlag. Die einheitliche Darstellung männlicher und weiblicher Körper, der wir im Mittelschiff begegnen, wurde hier aufgegeben. Die Figuren bekommen jetzt Volumen und Rundungen, die Gesichter werden runder und realistischer. Ein typisches Beispiel sind die in voller Gestalt abgebildeten Heiligen Frauen an der Südwand, die mit voller Büste, in der Taille geschnürter Kleidung, mit diskretem Kontrapost gemalt sind, wie es der klassischen Auffassung der Körperdarstellung entsprach. Den verhaltenen Gefühlsempfindungen der Figuren im Mittelschiff stehen die Gesichter und die Gestik des Südschiffs gegenüber. Die Gesichtszüge erhalten Mimik, wie z.B. bei der Wiedergabe Marias und Josephs auf der Darstellung "Josephs Trauer wegen der Schwangerschaft", während bei der Darstellung "Begrüßung von Joachim und Anna" (Abb. 51), die Intensität der Umarmung durch den lebhaften Faltenschlag der Kleidung wiedergegeben wird. Eins der grundlegenden Erkennungszeichen der neuen Stilrichtung ist die Schattengebung anstelle von Strichen (chiaro-scuro), was den Figuren größere Realität verleiht. Außerdem werden die Farben leuchtender und heller, und der Stoff der Kleider erhält einen metallischen Glanz.

Der neue Kunststil wurde "Volume Style" genannt. Er ging von Mazedonien aus und wurde in Thessaloniki entwickelt und ver-

Abb. 51: Panagia Kera in Kritsa. Südschiff. Gurtbogen.
Nordseite. Begrüßung von Joachim und Anna.

breitet. Von Thessaloniki aus fand er nicht nur seinen Weg in die noch bestehenden byzantinischen Hoheitsgebiete, sondern er eroberte den gesamten orthodoxen Einflussbereich.

Eine charakteristische Sammlung des Kunststils "Volume Style", so wie ihn die kretischen Volksmaler auffassten, sind die Malereien des der Heiligen Anna gewidmeten Südschiffs, die Anfang des 14. Jh. datiert werden. Dieser konkrete ikonographische Katalog, der den Wunsch der Menschen nach Nachkommen und die aus den apokryphen Evangelien überlieferte Trauer Joachims und Annas wegen ihrer Kinderlosigkeit zum Gegenstand hat, war eine interessante Thematik für die neue Technik, da es sich um ein zeitloses

Problem von bedeutender menschlicher und sozialer Tragweite handelt. Gleichzeitig werden die gesellschaftlichen Denkmuster jener Zeit wiedergegeben, die mehr oder weniger bis zum heutigen Tag gleich geblieben sind (Bildkatalog 3, 4).

Panagia Kera in Kritsa. Südschiff. Apsis der Tempelnische.
Agios Gregorios der Theologe.

BILDKATALOG 3: Panagia Kera in Kritsa. Südschiff. "Volume Style". Darstellungen von Gesichtern und Körpern.

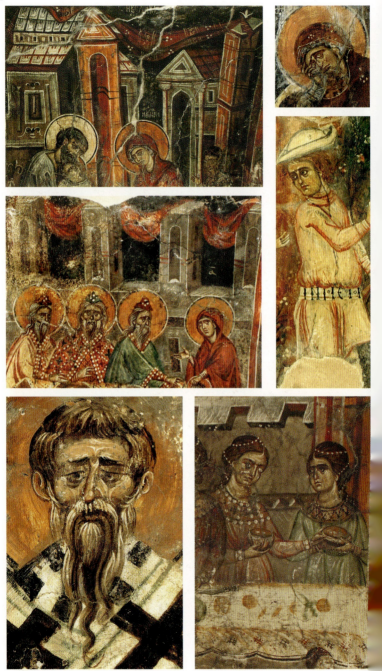

BILDKATALOG 4: Panagia Kera in Kritsa. Südschiff. "Volume Style".
Die Gebäude, die Mimik, die Tücher.

DAS AGIOS ANTONIOS GEWIDMETE SÜDSCHIFF
DER ALTARBOGEN

In der Viertelkugel der Altarnische wird der Pantokrator, dessen rechte Seite zerstört ist, als Brustbild en face in großem Maßstab dargestellt. In der linken Hand hält er ein offenes Evangelium, auf dem zu lesen steht: Deute pros me pantes oi kopiontes (Kommt alle zu mir, die ihr mühselig seid). Die zerstörte rechte Hand war sicherlich zum Segen ausgestreckt.

Im Zylinder der Apsis ist nur einer der ursprünglich zwei Oberpriester erhalten, nämlich Agios Ioannis Chrysostomos, der mit einer Drehung zum Mittelpunkt der Apsis dargestellt wird. Er

ABB. 52: Panagia Kera in Kritsa. Nordschiff Altarbogen. Altarzylinder. Agios Ioannis Chrysostomos.

steht gebeugt vor dem Altar, der mit einem roten Tuch –eventuell ein "Messtuch"– bedeckt ist. Darauf sieht man einen gläsernen Abendmahlskelch, dessen Inhalt Agios Ioannis mit seiner rechten Hand segnet, wie aus der Inschrift der offenen Pergamentrolle hervorgeht, die er in der linken Hand hält, Poieson to poterion touto .. (dieser Kelch soll...). Durch den Abendmahlskelch und die Inschrift wird klar, dass auf der Ikone jener Teil der Heiligen Messe dargestellt wird, bei dem der Priester den Wein und das Brot segnet (Abb. 52).

Links vom Betrachter kann man die Darstellung eines Diakons erkennen, von der die untere Hälfte erhalten ist. Man sieht den weißen Ornat, das rote Gewand und die Zipfel der Nackenstola. Die Darstellung des Diakons im Altarbogen ist nur bei sehr alten Kirchen anzutreffen, ab dem 12. Jh. und danach ist sie äußerst selten. Auf Kreta gibt es nur drei bekannte Beispiele: Zwei stammen aus der Provinz Merambello (Panagia in Kritsa und Panagia in Agios Nikolaos), und eine stammt ursprünglich aus einer Kirche in Rethymno. Das Bild wurde von der Wand abgetragen und ist heute im Historischen Museum von Heraklion zu sehen.

An der Stirnseite und den Pfeilern des Altarbogens, d.h. an der Stelle, wo die Verkündung und die Diakone hingehören, gibt es eine angedeutete fächerförmige Verzierung und sich schneidende farbige Kreise.

An der Nordwand der Altarnische ist der untere Teil einer Darstellung erhalten, vermutlich die des zweiten Diakons, während an der Südwand neben Ioannis Chrysostomos Spuren der Gestalt des zweiten Oberpriesters zu erkennen sind, die bei der Verbreiterung des Nordostdurchgangs zerstört wurde.

HAUPTKIRCHENRAUM

Die Darstellungen im Gurtbogen und an der Westwand des Hauptkirchenraums beschäftigen sich ausschließlich mit dem Jüngsten Gericht, während an den langen Seitenwänden einzelne Heilige in voller Gestalt abgebildet sind. Es handelt sich hierbei um eine seltene Art von Ausschmückung.

Das Jüngste Gericht

An der Südseite des Gurtbogens sind von Osten nach Westen die Darstellungen von Ioannis Prodromos (Johannes der Täufer) und der Apostel erhalten, wobei Ioannis Prodromos die Hauptfigur ist. Er wird stehend mit einer Drehung nach rechts und einer leichten Neigung des Kopfes abgebildet und trägt ein Gewand und einen Umhang. Seine Miene, die wilde Frisur und die gerunzelte Stirn deuten die Dramatik des bevorstehenden Gerichts an (Abb. 53).

Die zwölf Apostel werden en face mit verschiedenfarbigen Gewändern und Umhängen abgebildet und sitzen auf einer länglichen Bank mit Rückenlehne, die mit weißen, gestickten Tüchern bedeckt ist. In der linken Hand halten sie offene gebundene Bibeln mit kurzgefassten Texten über die Wiederkunft Christus (2

Abb. 53: Panagia Kera in Kritsa. Nordschiff. Gurtbogen. Südseite. Das Jüngste Gericht. Johannes der Täufer und die Apostel.

Parusie) und das bevorstehende Jüngste Gericht. Hinter den Aposteln werden Engel mit edelsteingeschmückter kaiserlicher Kleidung abgebildet.

Auf der Innenseite des westlichen Stützbogens ist der Engel "Elisson ton Ouranon" abgebildet, d.h. der Engel, der dem Chor der Heiligen den Vortritt gewährt und ihren Weg zu dem Richter Jesus bestimmt (Abb. 54). Bei der folgenden Darstellung des Paradieses werden die Jungfrau Maria mit einem Engel zu ihrer Rechten und die Erzväter Isaak, Abraham und Jakob mit den Seelen der Gerechten in ihren Händen in dem von einer Mauer umgebenen Paradiesgarten abgebildet. Alle Gestalten im Paradies, außer dem Engel, werden sitzend und en face abgebildet. Eine Ausnahme bildet Maria, die ihren Kopf leicht nach rechts dreht und als Vermittlerin mit der rechten Hand um die Rettung der Seelen bittet.

Unterhalb der Gestalten von Abraham und Jakob erkennt man das geschlossene Paradiestor, das von einem Flammenschwert bewacht wird. Vor dem Tor sieht man den Heiligen Petrus, der sich mit dem Schlüssel in der rechten Hand entschlossen der Pforte

ABB. 54: Panagia Kera in Kritsa. Nordschiff. Gurtbogen. Stützbogen. Südliche Innenseite. Der Engel "Elisson ton Ouranon".

nähert. Er hält den guten Schächer an der Hand, der einen Heiligenschein trägt, mit einer Jacke bekleidet ist und mit der linken Hand betet. Am linken unteren Rand des Bildes sieht man die vier Flüsse des Paradieses: Phison, Geon, Euphrat und Tigris (Abb. 55).

Die Darstellung des Gleichnisses der zehn Jungfrauen wird auf zwei Flächen in senkrechter Anordnung abgebildet. Oben sieht man die fünf klugen Jungfrauen in voller Gestalt in verschiedenen Körperhaltungen; zwei von ihnen nähern sich Christus, der sie zu sich ruft. Er sitzt auf einem halbrunden Thron mit Fußstütze, der einem Altarzylinder ähnelt und sehr wahrscheinlich den Himmel symbolisiert. Links von Jesus Thron sieht man das Fenster eines Gebäudes. Die klugen Jungfrauen werden auf einem turmförmigen Gebäude dargestellt. Auf der 2. Darstellung mit dem gleichen Thema, das an vielen Stellen zerstört ist, werden die fünf törichten Jungfrauen in voller Gestalt abgebildet. Sie halten gelöschte Kerzen und bewegen sich von links nach rechts, d.h. auf den Punkt zu, an dem sie der in großem Maßstab gemalte Engel erwartet und ihnen verkündet, dass sie nicht ins Paradies dürfen. Auf der Pergamentrolle des Engel steht geschrieben: Deixate ymon ta erga kai labete ton misthon (Zeigt mir eure Werke und holt euch den Lohn). Alle zehn Jungfrauen tragen langärmelige Gewänder mit Verzierungen am Saum, am Hals und an den Ärmeln und rote Umhänge. Ihre Frisuren sind mit Perlen geschmückt.

Die Ausschmückung des Südteils des Gurtbogens wird mit der Darstellung der Erde abgeschlossen, die die Toten freigibt (Abb 56). Die Erde wird durch eine Frauengestalt mit einem Diadem au

ABB. 55: Panagia Kera in Kritsa. Nordschiff. Gurtbogen. Südseite. Das Paradies.

ABB. 56: Panagia Kera in Kritsa. Nordschiff. Gurtbogen. Südseite. Das jüngste Gericht. Die Erde gibt die Toten frei.

ABB. 57: Panagia Kera in Kritsa. Nordschiff. Westwand. Tympanon. Posaunender Engel.

dem Kopf dargestellt, die von Bestien und den vier Winden umgeben ist, und auf einer Bestie sitzt, die ebenfalls ein Diadem auf dem Kopf trägt. Die Erde wird von einer Schlange umgeben, die aus dem Becher trinkt, den sie in ihrer rechten Hand hält. Oben rechts kommen drei in Leichentücher gewickelte Tote auf die Aufforderung des Engels hin aus ihren Gräbern. Zwischen ihnen sind einfarbig gemalte Ungeheuer abgebildet, die die Menschen, die sie verschlungen haben, ausspucken (in gelber Farbe wiedergegeben).

An der Westwand, wo ein großer Teil der Ausschmückung zerstört ist, wird rechts über dem Fenster der Engel der Apokalypse dargestellt, der zum letzten Mal auf der Erde und dem Meer die Posaune bläst, un

ABB. 58: Panagia Kera in Kritsa. Nordschiff. Westwand. Tympanon. Die Waage der Gerechtigkeit.

die Toten zum Jüngsten Gericht und zum Abwiegen ihrer Seelen zu rufen (Abb. 57). Der Engel bläst die Posaune mit lebhaften Bewegungen, die durch die Ausbuchtungen seines grünen Umhangs angedeutet werden, in alle Richtungen, um die Toten zu versammeln. Darunter ist die Darstellung des "Seelenwiegens" zu sehen, wo ein Engel mit der Waage der Gerechtigkeit abgebildet ist, mit der er die Handlungen der Seelen wiegt und sie, entsprechend ob sich die Schale mit den guten oder den schlechten Taten neigt, ins Paradies oder in die Hölle schickt (Abb. 58). Unter der sich neigenden Waage steht in kleinem Maßstab die nackte Ganzkörperfigur der Seele, über die gerichtet wird, mit über der Brust verschränkten Armen. In der unteren Zone sind zwei einfarbige Darstellungen zu sehen, die Sündenstrafen nach westlichem Vorbild zeigen. An der Nordwand befindet sich die Darstellung des Meers, das die Toten freigibt und der Chor der Märtyrer.

DIE DARSTELLUNGEN AN DEN SEITENWÄNDEN

An der Nordwand, von Osten nach Westen sind von der Heiligengalerie, die dort abgebildet war, die Darstellung des Agios Theodosios Koinobiarches in stark zerstörtem Zustand erhalten, dessen Identität sich jedoch aus der Inschrift seiner Pergamentrolle schließen lässt: Ean me apotaxetai tis pasa tois tou kosmou ou dynantai genestai amonachos (Wer nicht allem Weltlichen entsagt, kann nie ein Eremit [Mönch] werden). Neben ihm ist Agios Ioannis Kalybites mit weißgrünem Gewand und roter, am Hals festgehaltener Mönchskutte abgebildet. In seiner linken Hand hält er eine Pergamentrolle, während seine Rechte auf einem T-förmigen Mönchsstab ruht. Der heilige Mönch wird in voller Gestalt en face mit einem langen Hemd weißgrünen Hemd und einem Mönchsumhang in kastanienroter Farbe dargestellt.

Die namenlose Heilige, deren außergewöhnliche Darstellung folgt, wird mit einer Körperdrehung zum Altar hin abgebildet. Sie trägt ein braunes Gewand, einen grünen Mönchsumhang mit einer Schnalle unter dem Hals und eine schwarze Kaputze.

Neben ihr ist Agia Anastasia Pharmakolytria als Ganzkörperfigur en face abgebildet. Sie trägt ein rotes Gewand und grünes Ornat (Abb. 59). In der rechten Hand hält sie ein Kreuz und in der bedeckten Linken ein Fläschchen mit Gegengiften.

Agios Georgios Diasorites wird auf einem Pferd reitend abgebildet. Er galoppiert nach rechts, d.h. in Richtung Altar. Auf

ABB. 59: Panagia Kera in Kritsa. Nordschiff. Nordwand.
Agia Anastasia Pharmakolytria und eine nicht identifizierte Heilige.

der Kruppe des weißen Pferdes sitzt das Mädchen, das er vor dem Drachen gerettet hat. Der Heilige trägt soldatische Kleidung, einen bronzenen Kettenbrustpanzer und einen dunkelblauen Soldatenumhang.

Die Darstellung der Agia Polychronia, die man selten im ikonographischen Katalog der Kirchen findet, ist größtenteils zerstört. Man kann sie an dem Erdbrocken identifizieren, den sie in der Hand hält.

Die Reihe der Darstellungen an der Nordwand schließt mit der Widmung ab, auf der ein Ehepaar mit ihrer kleinen Tochter abgebildet ist. Links vom Betrachter ist der Mann zu sehen, dessen Name laut der Widmungsinschrift, die man in der oberen Zone des Bildes erkennen kann, Georgios Mazizanis lautete. Er wird in großem Maßstab stehend, mit einer Körperdrehung zum Mittelpunkt des Bildes hin abgebildet, seine rechte Hand ist zum Gebet ausgestreckt. Seine linke Hand ist nicht klar zu erkennen, vermutlich hat er sie schützend auf den Rücken seiner Tochter gelegt (Abb. 60). Seine Kleidung besteht aus einem langärmeligen Gewand und einem langärmeligen Umhang im Stil "Kavvadio", der bis zum Bauch geknöpft und mit gelbem Stoff gefüttert ist, wie man aus dem umgeschlagenen Stoff erkennen kann. Dazu trägt er gebundene Schuhe mit Absatz und schwarzen Strümpfen. Auf dem Kopf hat er einen weißen Béguin, der am Hals mit einer Kordel gebunden ist. Sein schwarzes Haar, das bis zum Nacken reicht, tritt ungebändigt unter der Mütze hervor; sein dichter Bart und Schnurrbart sind ebenfalls schwarz.

Seine Frau wird rechts vom Betrachter fast vollständig en face abgebildet, mit einer leichten Körperdrehung zum Bildmittelpunkt hin. Ihre linke Hand ist zum Gebet ausgestreckt, während sie ihre Rechte, wie ihr Mann, vermutlich liebevoll auf den Rücken der Tochter gelegt hat. Ihre Kleidung besteht aus einem weißen, weiten "Kamisio" mit langen Ärmeln, einer weißen "Granatza", Purpurkleid und rot gefüttertem "Mandi" mit "Tavlia" (andersfarbige Muster). Auf dem Kopf trägt sie ein weißes Tuch. Die "Granatza", das Purpurkleid und das "Mandi" mit Mustern deuten darauf hin, dass Georgios Mazizanis Frau aus adeligem Haus stammte.

An der Südwand sind von Osten nach Westen abgebildet: Agios Symeon Stylites und Agios Makarios, die fast völlig zerstört sind, danach folgt vermutlich die Darstellung von Agios Antonios, der mit einer Mönchskutte und Kapuze abgebildet ist (Abb. 61), anschließend kommt Agios Eugenios, der en face mit braunem Haar

ABB. 60: Panagia Kera in Kritsa. Nordschiff. Nordwand.
Die Stifter des Nordschiffs.
Georgios Mazizanis, seine Frau und seine Tochter.

und Bart gemalt ist. Er trägt ein grünes langärmeliges Gewand und einen kurzen, weißen Umhang, dessen Saum mit Edelsteinen und Perlen geschmückt ist. Im Haar hat er einen Kranz und in der linken Hand hält er ein Märtyrerkreuz, während die Rechte zum Gebet auf der Brust ruht.

Agios Mardarios, der danach kommt, wird ebenfalls von vorn abgebildet, mit dem Märtyrerkreuz in der rechten Hand und der Linken zum Gebet vor der Brust. Er trägt ein kastanienbraunes Gewand, das am Saum mit Edelsteinen verziert ist und einen grau-blauen mit Perlen versehenen kurzen Umhang.

Agios Orestes, der in der gleichen Form dargestellt wird wie die vorangegangenen Heiligen, trägt ein langärmeliges bis zu den Füßen reichendes weißes Gewand und einen weiten, grünen Umhang, der am Hals von einer Schnalle gehalten wird. Sowohl das Gewand wie der Umhang haben einen perlenbesetzten Saum. In der einen Hand hält er ein Kreuz, mit der anderen betet er.

Agios Anempodistos wird mit einem hellblauen Umhang und einem grünen bis zu den Füßen reichenden Ornat mit langen Ärmeln und edelsteinverziertem Saum abgebildet, dessen Soff mit kleinen Kreuzen durchsetzt ist. Auch hier ist die ikonographische Darstellungsform die gleiche wie bei den vorhergehenden Gemälden.

Agios Mardarios, Agios Orestes und Agios Anempodistos sind zusammen mit Agios Eustratios und Agios Auxentios die fünf Märtyrer, die man in vielen kretischen Kirchen des 14. Jahrhunderts abgebildet sieht.

ABB. 61: Panagia Kera in Kritsa. Nordschiff. Südwand. Agios Antonios.

KUNSTSTIL UND DATIERUNG
DER WANDGEMÄLDE IM NORDSCHIFF

Die Gemälde in dem Agios Antonios gewidmeten Nordschiff, die zwar der gleichen Kunstrichtung angehören wie jene im Schiff der Heiligen Anna, stellen in ihrer Gesamtheit eine friedlichere Variante dar. Bei der Darstellung des Jüngsten Gerichts herrschen, bis auf die posaunenden Engel, feierliche und würdevolle Ausdrucksformen vor. Die ungewöhnliche Ausbreitung der Darstellung über den gesamten Gurtbogen und die Abbildung der Stifter an der Südwand deuten vermutlich darauf hin, dass dieses Schiff eher bei Begräbnissen und Trauerangelegenheiten benutzt wurde.

Die Apostel werden mit schönen, ausdrucksvollen Gesichtern und ernsten Mienen dargestellt, ihre Beinhaltung hingegen ist locker. Der Stoff ihrer Kleidung schlägt weiche breite Falten und vermittelt den Eindruck, es handle sich um Samt. Die Erde und das Meer, die gemäß der hellenistischen Erbschaft der byzantinischen Malerei die Toten zurückgeben, werden wie die anderen Gestalten mit klassischen Zügen und lebhaftem Gesichtsausdruck wiedergegeben. Der Passivität der Apostel, der Engel, Marias und der Erzväter, die darauf warten, ins Paradies einziehen zu dürfen, stehen die ungestüm, nahezu drohend umherwirbelnden Engel an der Westwand und dem südlichen Stützbogen gegenüber, die für die Einhaltung des Rituals verantwortlich sind.

Was die kräftige Ausarbeitung der Gesichter betrifft, bilden die Stifter, wie dies überdies bei fast allen Darstellungen dieser Art der Fall ist, eine Ausnahme. Sie werden mit flachen Gesichtszügen dargestellt, im Gegensatz zu den Porträts der Heiligen, was vielleicht eine Anspielung darauf sein könnte, dass sich das wahre Leben im Himmel abspielt und nicht auf der Erde.

Die Wandmalereien des Agios Antonios geweihten Schiffs gehören, wie bereits erwähnt, in eine spätere Periode des Volume Styles. Sie lassen sich ungefähr in die Mitte des 14. Jahrhunderts datieren (Bildkatalog 5).

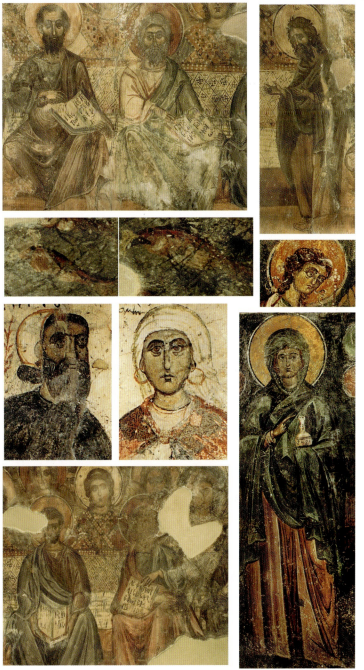

BILDKATALOG 5: Panagia Kera in Kritsa. Nordschiff. Volume Style.
Religiöse und weltliche Porträtmalerei.

LITERATURANGABEN

Kalokyris K., Die Kirche der Panagia Kera in Kritsa Merambello, *Kretische Chronik* (1952), Band 6.

Chatzidakis M., Wandmalereien auf Kreta, *Kretische Chronik* (1952), Band 6.

Mpouras Ch., *Byzantinische Kreuzrippengewölbe*, Athen 1965.

Papadaki-Ökland Stella, Die Kera in Kritsa: Bemerkungen zur Datierung ihrer Wandmalereien, *Archäologisches Bulletin*: Studien, Teil A (1967), Band 22.

Moutsopoulos N., *Die Ausgrabung der Basilika des Agios Achilleios*, Thessaloniki 1972.

Vokotopoulos P., *Die Sakralarchitektur im Westen Zentralgriechenlands und des Epirus ab Ende des 7. bis Ende des 10. Jh.*, Thessaloniki, 1975.

Hadermann L. – L. Misguich, *Kurbinovo; Les fresques de Saint Georges et la peinture byzantine du XIIéme siècle*, Bruxelles 1975.

Wessel Gallas – Borboudakis, B*yzantinisches Kreta*, München 1983.

Borboudakis Manolis, *Byzantinische Wandmalereien in Kritsa*, ohne Zeitangabe, touristischer Führer.

Borboudakis Emm., *Die byzantinische Kunst auf Kreta, Heraklion: Kunst, Geschichte und Kultur*, Kreta 1990, Band 2.

Gkioles N., *Der byzantinische Sakralbau*, Athen 1990.

— *Die byzantinische Kuppel*, Athen 1990.

Maltezou Chryssa, Kreta im Zeitraum der venezianischen Herrschaft, 1211-1669, *Kreta: Geschichte und Kultur*, Kreta 1990.

Tsougkarakis D., Das byzantinische Kreta, *Kreta: Geschichte und Kultur*, Kreta 1990.

Mentidaki G., *Typen und Symbole in der orthodoxen Kirche*, Heraklion 1997.

Panselinou N., *Byzantinische Malerei. Die byzantinische Gesellschaft und ihre Ikonen*, Athen 2002.

LEGENDE

MITTELSCHIFF
1. Erzengel Gabriel 2. Platytera (in schwangerem Zustand) 3. Erzengel Gabriel 4. Agios Nikolaos 5. Ioannis Chrysostomos 6. Thyomenos (der Geopferte) 7. Agios Basileios 8. Agios Gregorios 9. Himmelfahrt 10. Diakon Stephanos 11. Agios Andreas 12. Agios Titos 13. Prophet Solomon 14. Prophet David 15. Agios Polykarpos 16. Agios Eleutherios 17. Diakon Romanos 18. Agios Kerykos 19. Agios Panteleimon 20. Agios Hermolaos 21. Agia Julitta 21a. Christus und die Muttergottes (Gebet) 22. Exapteryga 23. Palmenträger 24. Auferstehung Lazarus 25. Taufe 26. Maria Lichtmess (Hypapante) 27. Die 12 Propheten 28. Der Evangelist Matthäus 29. Der Evangelist Markos 30. Der Evangelist Johannes 31. Der Evangelist Lukas 32. Agios Sergios 33. Agios Merkurios 34. Agios Niketas 35. Agios Bacchus 36. Maria im Tempel (Opferung) 37. Das Heilige Abendmahl 38. Die Geburt 39. Kindermord 40. Das Gastmahl des Herodes 41. Der Verrat 42. Die Hadesfahrt 43. Das Paradies 44. Agios Petrus 45. Agios Franziskus 46. Agios Georgios 47. Kreuzerhöhung (Konstantin und Helena) 48. Die Kreuzigung 49. Höllenstrafen 50. Erzengel 51. Agios Andreas – Agia Anna und Maria.

SÜDSCHIFF
1. Agia Anna – Emmanuel 2. Agios Nikolaos 3. Agios Gregorios 4. Agios Athanasios 5. Agios Eleutherios 6. Szene mit Joachim 7. Das Haus Joachims 8. Begrüßung von Joachim und Anna 9. Das Gebet der Agia Anna 10. Segnung der Jungfrau Maria durch die Priester 11. Die Geburt Marias 12. Die Wasserprobe 13. Liebkosung Marias 14. Josephs Trauer wegen der Schwangerschaft 15. Tempelgang Marias 16. Die Reise nach Bethlehem 17. Die verschlossene Pforte 18. Agios Zosimos 19. Widmungsinschrift 20. Maria von Ägypten 21. Agia Eirene 22. Agia Kyriake 23. Agia Barbara 24. Erzengel 25. nicht identifizierter Priester 26. Agios Leon 27. Diakon Romanos 28. Agios Ioannis der Einsiedler 29. Agios Alexios, der Knecht Gottes 30. Agios Gourias 31. Agios Samonas 32. Agios Konstantin 33. Agios Iamblichos 34. Agios Maximilianos 35. Agios Antonios 36. Agios Exakoustodianos 37. Agios Martinos 38. Agios Ioannis 39. Agios Ioustinos

NORDSCHIFF
1. Pantokrator 2. Agios Ioannis Chrysostomos 3. Lobpreisung 4. Das Jüngste Gericht 5. Das Jüngste Gericht 6. Engel "Elisson ton Ouranon" 7. Chor der Märtyrer und heiligen Frauen 8. das Paradies 9. Das Meer gibt seine Toten frei 10. Die klugen Jungfrauen 11. Die törichten Jungfrauen 12. Die Erde gibt ihre Toten frei 13. Engel der Verkündung 14. Das Seelenwiegen 15. Sündenstrafen 16. Die Kirchenstifter 17. Agia Polychronia 18. Agios Georgios Diasorites 19. Agia Anastasia 20. nicht identifizierte Heilige 21. Agios Ioannis Kalibytes 22. Agios Theodosios Koinobiarches 23. Agios Makarios 24. Agios Antonios 25. Agios Eugenios 26. Agios Mardarios 27. Agios Orestes 28. Agios Anempodistos.

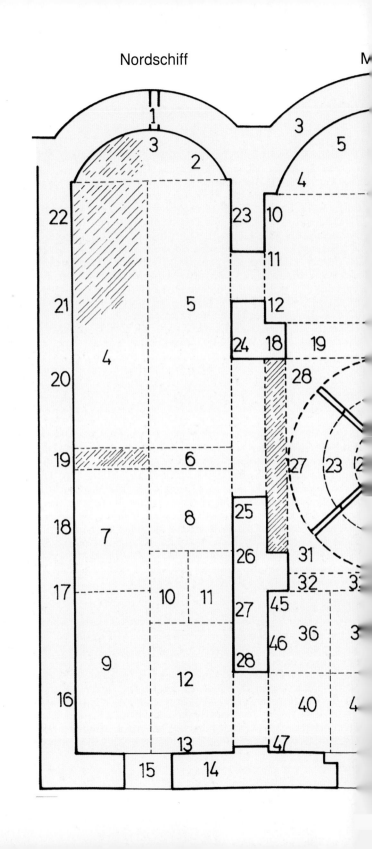

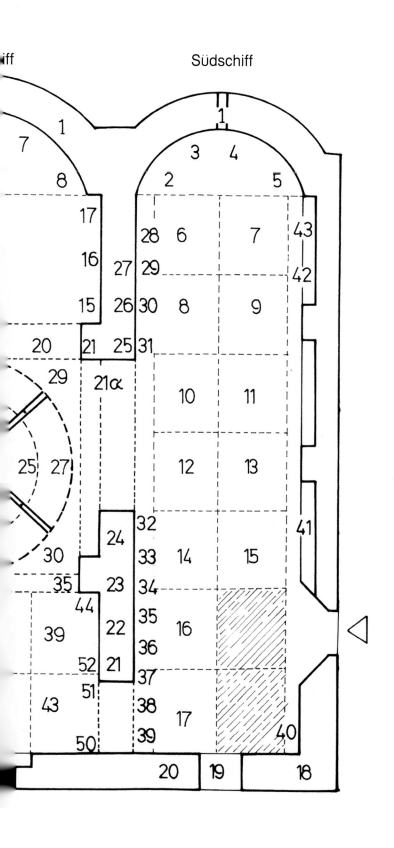